言いにくいことが言えるようになる伝え方

自分も相手も大切にするアサーション

平木典子

ディスカヴァー携書
245

はじめに

相手の反応を気にして、言いたいことが言えない。

言いすぎてしまったのではないか、と後から反省することがある。


自分の「思い」を伝えるというのはむずかしいものです。

一生懸命に表現しても、表現しきれないこともあります。相手がまるで違った形で受け止めてしまう場合もあります。

思いが伝わるどころか、「わかってもらえない」「気持ちが通じない」といった葛藤《かっとう》を覚えることの方が多いかもしれません。

その悩みに示唆を与えてくれるのが「アサーション」です。

アサーションとは、「自分の言いたいことを大切にして表現する」と同時に、「相手が伝えたいことも大切にして理解しようとする」コミュニケーションです。

「どちらの主張が正しいか」ではなく、「対話を通して何がわかり合えるか」を受け止め合っていく。これがアサーションの基本姿勢です。

私は、アメリカでアサーションを学んでから、40年以上にわたり日本でのアサーション・トレーニングに注力してきました。

言葉というものは、同じ言葉でも社会的、文化的バックグラウンドが違えば、異なる意味を持つこともあります。理解してもらえると思っていた発言に、否定的な反応を返されるということもあるかもしれません。

そのようなとき、いちいち反発したり葛藤したりせず、「相手は自分に何を伝えようとしているのだろう」と受け止める。
言葉のやりとりを重ねることで、双方の共通の意味を探っていく。
アサーションではそんな心構えが必要です。

対話で交わされる言葉は「意味の候補」です。その候補を突き合わせながら、相手が本当に言いたいことは何かを考えていくことが、アサーションではとても大事です。

表面的にわかった気にならず、「あなたの言いたいことはこういうことだろうか」と確認しつつ伝え合っていけば、きっとそこに発見があります。
無意識だったことが意識化され、互いに確かめ合う中で意味が膨《ふく》らみ、思いもしなかった着地点に到達することもあります。

アサーションとは、自分と相手、双方の意見を尊重するだけでなく、「伝え合い確かめ合う過程そのものを含めて大切にしていくこと」と言えるでしょう。

仕事では、タスクに応じて、簡潔でわかりやすい言葉を使うことはもちろん必要です。

しかし、簡潔でわかりやすく伝えられる物事など、世の中の一部に過ぎません。データや理屈で合理的に処理できること以上に、言葉を尽《つ》くして伝え合わなければ伝わらない「思い」の方がずっとたくさんあります。

アサーションは、自己表現を見直すことで、コミュニケーションを円滑にします。さらに、対話を通して成長を促《うなが》し、「ありのままの自分」を見出すための手助けにもなります。

「ありのまま」とは決まり切ったものではなく、変化していくもの。アサーションを伴った対話によって、「思い」を膨らませていく中で成長していくものと考えています。

アサーションが、みなさんの「ありのまま」を見つけるのに役立つことを期待しています。

なお、本書で述べられたカウンセリングの事例は、プライバシー保護のため、類似の複数の事例を基にして創作されていることをお断りいたします。

２０２３年１月

平木典子

目次

2章 ◎ なぜ、言いたいことが言えないのか

3章 ◎ アサーションで「思い」に気づき、自然体に生きる

4章 ◎ 《実践》アサーティブに「思い」を伝える

5章 ◎ 「思い」を大切にするとは、自分に正直に生きること

編集プロデュース　岩下賢作事務所
編集協力　藤原千尋

1章

言いたいことをがまんしていませんか？

◎仕事では「がまんが当たり前」でしょうか？

職場では人とうまくやることが何より大事。
上司に逆らうなんてあり得ない。
仕事のためならプライベートを犠牲にするのもしかたがない。

企業向けのアサーション研修を行っていると、このような考え方の持ち主にたくさん出会います。

仕事をしている人にとって、がまんするのは当たり前。波風立てるくらいなら、自分の「思い」を抑えてでも事を収めた方がいい。そう思い込んでいる人が多いのです。

このように「がまん」で「思い」を抑圧してしまっている人のケースを、もう少し詳しくみてみましょう。

たとえば、課長クラス向けに、次のような設定でコミュニケーション・トレーニングを行ったときのことです。

部長から突然、「明日の朝までに仕上げてほしい」と緊急の仕事を頼まれる。その仕事を担当したのは部下のAさん。Aさんに頼めば、おそらく2時間程度で仕上げてくれる。でも、当のAさんはプライベートな予定が入っているため、残業はできないと言う。

こうしたシチュエーションで、課長としてどう対応するかを考えてもらいます。

こういう場合、課長さんの多くは、「上司からの命令は断れない。しかし、部下に残業を無理強《じ》いすることもできない。自分でやります」と答えます。

「本当にそれでいいのですか？」と私が問いかけると、
「だって、しょうがないじゃないですか！」と。

部下に無理強いして、パワハラだと騒《さわ》がれたり辞められたりしたら面倒なことになる。最近はワーク・ライフ・バランスを見直すなど、残業をさせない傾向が強まっている。

それならいっそ、つべこべ言わず自分でやってしまえばいい。

本当は手伝ってほしい。手伝ってほしいと言いたい。でも、しかたがない、しょうがない（がまんするしかない）……。

このように、「しかたがない」「しょうがない」で自分の本音にフタをし、がまんに気づかない中間管理職が増えています。

管理職の中には、部下を指導しながら自らも現場に立つプレイングマネージャーが増えていますが、こういう働き方は気づかないがまんの温床《おんしょう》になります。

作業をこなしながら部下を指導するため、忙しすぎて満足にマネジメントできない。そのため部下が育たず、仕事量が増え、ますますがまんがたまっていく。でも目の前の仕事をこなすことに必死のあまり、自分の「思い」を抑えていることにさえ気づかない……。

このような働き方が、今の日本社会には蔓延《まんえん》していると言っても過言ではありません。

「会社を辞めろってことですか?」

会社のために一生懸命働くことを、否定するつもりは決してありません。やむを得ず自分が引き受けるしかない仕事も少なくはないでしょう。

ただ、一方的にがまんしながら引き受けるのと、「手伝ってほしい」という気持ちを伝えた上で引き受けるのとでは、心理的負担が大きく違います。

自分もがまんしない、相手にもがまんさせない。
そのためにはどうすればいいのかを考えながら、自分の思っていることをともかく言ってみる。

これがアサーション、お互いを大切にするコミュニケーションの基本なのです。

ところが、企業研修でアサーションについて説明する私に、こんな発言をした人がいました。

「先生、もしかして僕に会社を辞めろと言っていますか？　先生の話を聞いていると、僕は会社を辞めた方がいいんじゃないかっていう気がしたのですが……」

もちろん、私はひと言も「会社を辞めろ」とは言っていません。何を根拠にそう思ったのかもよくわかりません。

ただ、彼の発言から想像したことは、「会社で自分の意見を言うのはタブー」になっているか、彼がそう思い込んでいるということ。

仕事というものは、がまんベースが当たり前。

自分の意見を言わず、どんな状況でもイエスと言うのが当たり前。

会社にものを言いたいときは辞める覚悟で。


かなり極端ですが、彼にとってはそのくらい、働くこと＝がまんすること、「思い」を抑えること、になっていたのかもしれません。

彼の心中を察しながら、私はこんなふうに答えました。

「辞めろと言っているつもりはありません。でも、『この会社にいる限り、自分をイキイキと生かすことはできない』と思うなら、そういう選択肢もあるかもしれませんね」

◎能力のある人ほど、無意識のがまんをためている

本当は引き受けたくないけれど、断りにくくてがまんする。もめるのは嫌だし、生意気だと思われたくないから「思い」を抑えてがまんする。
このようながまんや抑圧は、それと気づいている分、まだましかもしれません。

問題なのは、がまんに気づいていないがまんです。

積極的にやりたいわけじゃない。でも、やってやれないこともない。それならひとつ、やってしまうか……。

こういうスタンスでどんどん仕事を引き受けてしまう人は、実はがまんのストレス

を無意識のうちにためています。

このようなタイプの人は、そもそも能力の高い人です。

頼まれた仕事はそつなくこなす。1時間かかる仕事も、30分で片付けてしまう。**普通なら「もう無理です」と音《ね》を上げるところを、能力が高いゆえに引き受けられる。**

そのため、次から次へと仕事をふられ、休む間もなく仕事するはめになった結果、気づかないがまんを蓄積《ちくせき》していきます。

こういう人は一見、がまんしているようにも、無理をしているようにも見えません。頼まれた仕事はめったに断らないため、周囲からは「仕事のできるいい人」だと思われがちです。

とは言え、どれほど仕事のできるいい人でも、次から次へと仕事をこなせば身体も心も疲れていきます。一見、無理をしていないように見えるかもしれませんが、実際は疲れがたまり、調子が悪いことにも気づいていないおそれがあります。

断った方がいいかな。別の人に頼もうかな。
でも、そういうことをしている間に自分でやった方が早いな。
能力のある人ほど、このような思考サイクルの中で、ストレスをためていくのです。

「やろうと思えばできる」は危険信号

がまんを感じるとは、言い換えれば「嫌な気持ち」を感じているということです。

「残業がなければ早く帰れたのに」
「この仕事のせいで自分が割を食った」

このような、がまんがもたらす「嫌な気持ち」、不快感はできれば感じたくないものですが、この不快感は実はとても重要です。「そろそろ限界だ」「これ以上できない」ということを、自分自身に知らせるサインだからです。

不快感のサインがあれば、人はおのずとがまんを避ける方向に行動します。断るなり、誰かに頼むなり、相談するなりして、何とか自分を守ろうとします。なかには、がまんした挙げ句に無断欠勤したり、突然会社を辞めたりするなどの行動をとる人もいます。

社会的に見れば非常識な行為ですが、当人自身を守るための行動と考えれば、あながち不可解とも言えません。

がまんのサインを受けとめて、自分が壊れる前に手を打ったのですから、ある意味、まっとうな判断と言ってもいいかもしれません（もちろん、これを繰り返すようではまっとうとは言えないのですが）。

ところがこれに対し、能力が高く、やればできる人は、「嫌な気持ち＝がまんの不快感」をほとんど感じていません。

多少は感じているかもしれませんが、「もめ事を起こすこともない、やればできる」という考えの方が勝っているので、それががまんの第一歩とは気づいていません。

そこから始まって、「これもできる……」「まだ大丈夫……」と、いつの間にか自分を追い込んでいき、遅くまで仕事をして、食事の時間も不規則、自宅には寝るために帰るだけ。そして睡眠不足と疲労の蓄積といった悪循環に陥《おちい》っていきます。

意志の力だけで、体力や感情の疲労を抑えることはできません。自分を守るどころか、どんどん追い込んでいく可能性が高いことを意味します。

「やろうと思えばできる」という考え方自体、考えと意思のみで自分に「やろう！」という決心を促《うなが》し、体調や気持ちを無視しているからです。

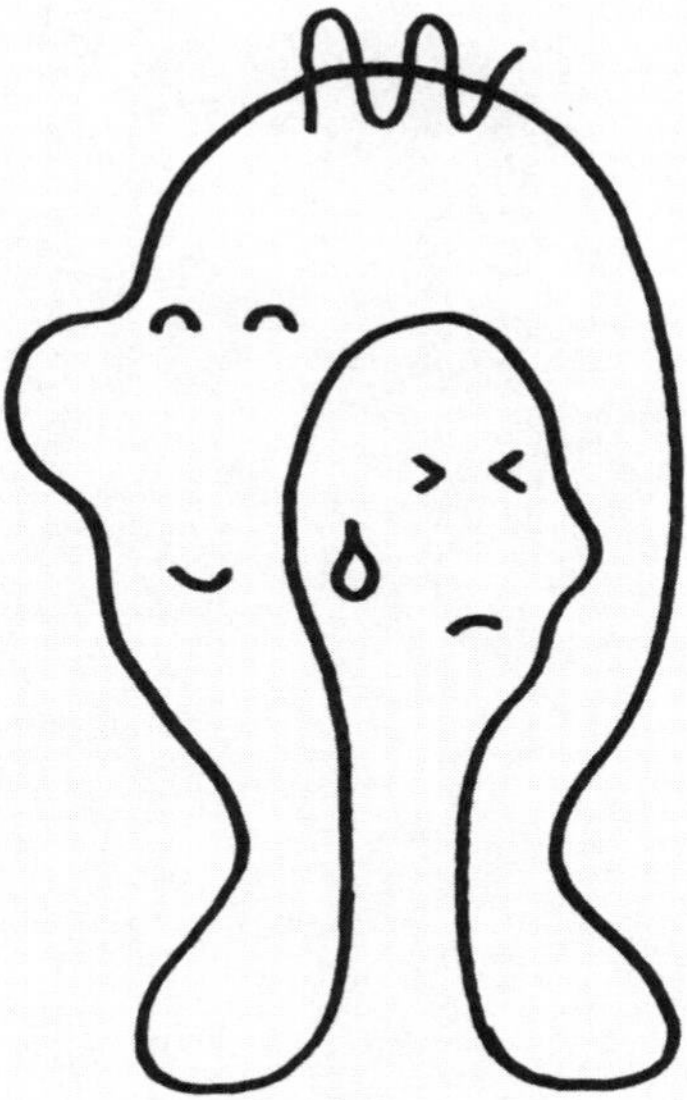

能力のある人ほど、
無意識のがまんをためている

「自分を責める」もがまんのサイン

がまんのサインに気づかないまま、「やればできる」でやり続けても、人間である以上、いずれは限界が訪れます。

・どういうわけか、頼まれた仕事が予定通りに終わらない
・不眠が続いて仕事の能率が上がらない
・やる気が失《う》せて朝起きられない

などの危険信号が出て、やがて、これまで通りに仕事が運ばなくなります。

自分の体調や気持ちに気づいていれば、この時点で「もう十分やった」「やり尽《つ》くしたのだから休もう」と考えてもよさそうなところです。

ところが、限界を超えてやってしまう人の多くは、そうは考えません。

頼まれたことができていない。

不眠で頭が回らない。

そんな自分を、

「無責任だ」

「これができなくて申し訳ない」

「役に立たない自分はダメだ」


と責めます。

ろくに睡眠もとれず、疲れ果ててくたくたなのに、自分を責める気持ちで頭がいっぱいになっているとしたら、それは気づかないがまんを重ねているSOSです。

「がんばれ。ここでがんばりさえすれば、すべてうまくいく」

自分を鼓舞《こぶ》するこうした言葉の裏側にも、自分を責め、自分を追い詰める「がまん」が潜んでいる可能性があります。

◎頼りにされる人ほど、無意識のがまんに気づかない

がまんに気づけないのには、能力が高いことの他に、もうひとつ理由が加わることがあります。

それは、自分ががまんすることで、いつの間にか人から頼りにされる人になっていることです。

他人から頼りにされ続けると、それでいいと思い、自信もつくので、それを続けようとします。

その結果、ますますノーを言えない状態になり、がまんし続けることになります。

こうした無意識のがまん状態は、やがてそれが当たり前のようになって感覚をマヒ

させ、活気が失われたり、疲れすら感じられなくなったりします。感情が鈍感《どんかん》になるので、「こんなのもう嫌だ」「やってられない」といった気持ちも失われていきます。

こうして引き起こされるのが感情障害、いわゆる「うつ」と呼ばれる症状です。

感情障害（うつ）とは、脳の知的機能が勝って情緒《じょうちょ》的機能が抑えられてしまった状態を言います。

知的機能、つまり左脳を使った活動に没頭するあまり、自分が今どんな気持ちか、楽しいのか苦しいのかを把握《はあく》する右脳の機能が停止している状態とも言えるでしょう。

（右脳と左脳の働きについては、69ページを参照してください）

がまんの果てに突然キレる

無意識のがまんをし続けると、感情障害（うつ状態）になるだけでなく、あるとき突然「キレる」こともあります。

がまんし続けたことによる不快感や欲求不満が鬱積《うっせき》して、怒りがたまり、がまんをさせられたと思う相手や周囲の人を恨《うら》み、それを爆発させたり、八つ当たりをしたりします。

自分を抑えて、がまんしてきた。
それなのに、相手はそれをわかってくれない。
どうしてわかってくれないんだ！

自分が選択した「がまん」だったのですが、がまんしたゆえに理解されなかったことで、自己犠牲を負わされたような気持ちになり、がまんを理解してくれない相手に怒りを覚える。
その結果、突如他人への激しい攻撃が始まることもあるのです。

このように、がまんはおとなしく、やさしいと思われていた人のたまった怒りを、爆発させてしまうこともあります。

「あの人が？」と思われるような事件がありますが、そのような形でがまんが表現される場合もあるわけです。

時には、無関係の部下、家族や連れ合い、あるいはまったく面識のない赤の他人に、八つ当たりという形で怒りをぶちまけることもあります。

たとえば、２００８年に起きた秋葉原無差別殺傷事件の青年は、長年ため込まれたがまんが一気に爆発した、最悪のケースのひとつではないかと思われます。

事件を取材した記録によれば、加害者は職場で不満があるたび、無断欠勤しては退職することを繰り返していたそうです。

言葉で対話しようとせず、行動のみで意思表示する。その繰り返しの中で、加害者は自分でも気づかないうちに、どうしようもないほどのがまんを抱え込んでいったのではないか。

無差別殺人など、到底許されるものではありませんが、がまんの果てにこうした悲劇があちこちで起こっていることもあるでしょう。

がまんしていることに気づかなくなると、うつになったり、暴力的になったりするおそれがあり、いずれも自分の行動をコントロールできなくなる状態に追い込まれています。

制御不能に陥る前に、がまんに気づき、自分の本当の「思い」に意識を向ける。そのための心強い味方にアサーションがあることを覚えておきましょう。

がまんの果てに
突然キレる

◎「論理的思考」は、がまんの温床にもなる

「どうしたいか」よりも「するべき」で動く。
これもがまんに気づきにくい人、「思い」を抑えてしまう人の特徴です。
感情より、頭で考える方を優先しているのです。
たとえば、疲れているときに仕事を頼まれたら、

「今、かなり疲れているな」
「これをやるとなると大変になるだろう」
「できれば休みたい」

など、心身の状態に反応し、「どうしようかな」と立ち止まり、自分の状態をモニターします。

ところが、がまんしやすい人はモニターをとび越して、「できるからやる」「やるべきだからやる」と決め込みます。

自分の状態や感情は無視して、周りの状況や相手の指示をそのまま「自分がやるべき」に移しているだけです。

このような傾向は、仕事一筋で生きている人、おもに男性に多く見られます。

会社での仕事は、基本的に感情より思考や論理が優先されます。

仕事とは義務と責任を果たすこと。そのためには、自分のことはさておいて、やるべきことをやらなければならない。

会社で仕事漬《づ》けになると、こうした理詰めの思考に支配されやすくなり、がまんに気づきにくくなっていきます。

一方、女性は理詰めの思考に支配される傾向が、男性にくらべて少ないようです。女性の方が、子育てをしたり家族の世話をしたりする母親の姿をモデルにして日常を送っているからでしょう。

子育てや家族の世話、いわゆるケアの仕事は、理屈が通用しない作業のオンパレード。目の前の相手を見て、どんな気持ちなのか、何をしてほしいのかを考えながら動くことです。そんな環境にいたことがある人は、手順通り、論理的に事を進められないことを知っています。

こうした母親の姿を身近に感じていると、自分の感情をモニターする習慣も身につき、自分のがまんにも気づきやすくなるのでしょう。

ただ、最近は積極的に育児や家事を行う男性も増えています。

共働きが一般的になり、夫婦で家事育児をすることで、理屈と感情を柔軟に使い分けている人が多くなっているのではないでしょうか。

◎ 抑えた「思い」に気づけない
——がまんを重ね不登校になった13歳

仕事場には「思い」を抑えてしまう、がまんベースの人が多いと述べましたが、そういう人のなかには、幼い頃から自分の思いを抑え込むことを強《し》いられる環境で育った人も少なくありません。

家庭、あるいは学校という社会適応を学習する場は、ある意味で職場以上に、がまんを強いられやすい場所です。

不登校をきっかけにがまんを乗り越え、自分の「思い」に気づくことのできた、中学生Aさんのケースを紹介しましょう。

自分は学校でいじめられている。

怖いし、つらいので学校には行けない。

このままだと自分には、社会で生きていけるような力がつかない。

でも学校にも行けない。


最初の頃、Aさんはそんなジレンマを抱えてしょんぼりしていました。

ところが、話を聞き進めていくうちに、しだいにAさんの口から隠れていた本音が飛び出しました。


「あんな学校、絶対に行きたくない！」


いじめそのものより、「いじめを放っておく学校」「ちゃんと対応してくれない先生」に対しての不満を訴《うった》え、怒り始めたのです。

聞けばAさんは、将来やりたいことがあると言います。

そのためには、中学を出て高校に進学しなければならない。

このままでは中学さえ卒業できない。

いじめをやめさせてほしいと頼んだのに、先生は何の手も打ってくれない。

でも、不登校になった自分が先生に文句を言う資格はない。

どうしたらいいんだろう……。

Aさんの苦悩は、いじめだけでなく、複数の要因がからむ複雑な悩みに発展していたのでした。


いじめで不登校と聞くと、誰もが「いじめをなくさなければ」と考えます。

でも、本人の心に寄り添って聞いてみると、必ずしもクラスメイトだけが問題ではないことがわかります。


不登校のような問題を解決するには、何が苦しいのか、何をがまんしているのか、何に怒りを感じているのかなど、複雑な気持ちの変化や周りの状況を、本人が把握することが大切です。

それを言葉にすることによって、その人にふさわしい乗り越え方を発見できます。

悲しみと怒りを表現できたことで、「思い」に気づき、徐々にがまんすることをやめ、自分の気持ちをつかんだＡさんは、学校に行くことを辞め、フリースクールに通う選択をしました。

がまんに押しつぶされていたときは、「学校に行けない自分が悪い」「文句を言う資格なんてない」と自分を責めていたＡさんでしたが、抑え込んでいた本音や怒りに気づき、本来の思いにたどり着いたことで、自ら新たな道を見出したのです。

「子どものがまん」が家族を支えていた

「思い」に気づくために、本音や怒りを言葉にしてみる。しかしそれは口で言うほどたやすくはありません。

子どもは学校に行くものと決まっている。

学校に行かないと将来食べていけない。

先生に逆らってはいけない。


こんなふうに、社会には個人の力では太刀打《たちう》ちできない厳然としたルールがあります。


社会のルールに逆らうのは、大人でさえ躊躇《ちゅうちょ》してしまうもの。

ましてや13歳の子どもがこれに逆らう思いを口にするには、相当のエネルギーや覚悟が必要であることは想像に難くありません。


Aさんは「やりたいことがあるから、何としてでも高校には行きたい」という思いをしっかり持っていました。

それでも、その強い思いはがまんにかき消されていたのでした。

Aさんが並外れたがまんをしていたことはカウンセリングでわかりました。それが判明したのは、家族そろって私のカウンセリングを受けに訪れたときでした。

Aさんの家族は、お父さん、お母さん、小学校低学年の妹さんの4人。ご両親ともおとなしく、誠実な方たちですが、家族の中心にいるのは両親ではなく、長女であるAさんという印象を受けました。

人見知りしてソワソワ動く妹を熱心に世話し、自分のことを心配している母を気づかいながら、家の手伝いをしているのはAさんだったからです。

おそらく、お父さんもお母さんも、「いじめにあって苦しんでいる娘を何とかしてやりたい」「どうして学校は何もしてくれないのだ」と内心怒りを感じていたと思います。

仕事や家のことに忙殺され、何の手も打てず悶々《もんもん》と悩んでいるうちに、家族ぐるみでどんどんがまんをため込んでいった。Aさんは自分だけでなく、そんなご両親のがまんをも引き受けていたのではないか。

Ａさんが学校や先生に向けて放った怒りは、自分自身だけでなく、お父さん、お母さんの気持ちをも代弁していたように思われました。

Ａさんが「先生なんか嫌い」「あの学校には行かない」とはっきり表現すると、悩んでいたご両親も元気になり、「それならその学校に行かなくてもいい」「他の方法を探そう」と前向きになっていきました。

このように、弱い立場にいる子どもが、知らず知らずのうちに一家のがまんを引き受け、家族を支えているというケースは決してめずらしくありません。

自分はどんな子どもだったたか。どんな家庭環境で育ったのか。生い立ちをふり返ってみることも、気づかないがまんに気づく貴重な手がかりになるかもしれません。

◎居場所をなくす不安が強い
――家庭ががまんの場所だった子ども

学校ががまんの場になっていたAさんのような人もいれば、大切な居場所であるはずの家庭ががまんの場になっている人もいます。

たとえば、離婚した母親が別の男性と再婚し、新しい父親と否応《いやおう》なしに暮らさなければならないときの子どもです。

継父《けいふ》になった男性は、決して悪い人ではない。

でも、新しい父親と暮らすようになったとたん、母親が自分に対して無関心になってしまった。

本当は母親に関心を持ってもらいたい、もっと甘えたい……。

しかし、母親思いの子どもは、本音を言うことができません。本音を言うのはわがまま、そんなことを言うと自分の居場所がなくなるかもしれない。居場所がなくなったら生きていけない。

そう考えて、本当の思いを言葉にしないまま、気づかないがまんをためていきます。

ところが、本人が大人になって家族から離れ、別の場所で暮らし始めても、居場所をつくれず、対人関係に苦しむようになることもあります。

心からつき合える友人ができない。なぜか仲間となじめない。気づけばいつも孤立している……。

幼い頃からのがまんの習慣のせいで、「居場所をなくさないこと＝自分を抑えてがまんすること」になり、その結果、「思い」を言い合える関係が築けなくなっているおそれがあります。

無理に人に合わせようとしたり、世の中に適応しようとがんばったりしすぎると、自分の力や能力を育て損《そこ》ないます。

気がついたそのときから、がまんして抑えてきた「思い」を探し出し、どこかに置き去りにしてしまった自分らしさを取り戻すことを考えましょう。

不適応や対人関係に悩んだときは、自分らしさを取り戻すチャンスでもあるのです。

◎親の過干渉に従ってきた
――やりたいことがわからない学生

子どもが気づかぬうちにがまんをためてしまう理由は、親の無関心だけとは限りません。

親がよかれと親切に道をつくり、子どもがそれに従って親に依存してしまうような関係も、がまんしているのと同じ状態を引き起こすことがあります。

進路について相談しに来た、ある男子学生の話です。

彼はこれまで、大きな悩みも問題もなく生きてきたと言います。志望した大学に入学し、やりたい勉強をして、何の不満もなく楽しいキャンパスライフを送っている。

ところが就職活動を前にして、いざ将来何をするかと考えたとき、何もやりたいことがないということに気づいた。

こんなとき、人はどうするんだろう……と思って、相談に来たと言うのです。

「僕はこれまで、進路とか大事なことについては、全部父親の言う通りにやってきました。父は『好きに就職するように』と言うのですが、どうしたらいいかちょっとわからなくて……。偏差値《へんさち》みたいなものがあって、『おまえはここ』って言われたら、そこに行くのでもかまわないと思っているんですけどね」

子どもが反発もせず、父親のアドバイスに従って、ここまで来たということは、能力もあり、困らなかったということですが、自分の意向で決めるとなると、決められないことに気づいたのです。

能力がある学生の中には、時に、やりたいことが決められないまま、周りの人の勧めに従って大学院博士課程にまで進むことがあります。

相手に合わせて、相手の希望を叶《かな》える能力がある人が、時に自分で決めることができなくなる例です。

こんな人は、一人で自己決断をしなければならないとき、改めて自分探しをする必要に迫られます。

◎世間の物差しを捨てられない
――関心より偏差値で進学した学生

高校や大学で進路を選ぶときも、気づかないうちにがまんしていた、「思い」を抑えてしまっていたということがあります。

たとえば、文系が好きだったのに理系に進学してしまった。教育がやりたかったのに医学部を選んでしまった……などの場合です。

実際、大学や会社で、専攻や所属の選択を必要とする場面で、次のような相談を受けることは少なくありません。

学生「僕は物理を専攻しているのですが、専門科目が増えるにつれて、物理に関心がなくなり、今さらながら専攻は物理でよかったんだろうかと迷っています」

平木「小さいときは、何をして遊んでいたの？」

学生「僕の家は普通のサラリーマン家庭でしたが、住んでいたところが田舎だったので、仲間たちとしょっちゅう、家のそばの裏山で遊んでいました」

平木「どんな遊び？」

学生「季節によって変わるんですよ。春はこれ、夏はこれ、秋になったらこれって。たとえば春夏はいろんな虫を捕まえたり、秋は木の実を拾《ひろ》ったり。で、それを道ばたに並べて、小学生のくせに売ったりしていたんです（笑）」

平木「へえ、そうなんだ。それって物理と関係がある？」

学生「……それが、あまりないんですよね」

平木「物理を選んだ理由はどんなこと？」

学生「この大学は物理が一番偏差値が高いから、先生からぜひここに行けと言われたんです。お前の成績なら絶対に受かるからって」

平木「ということは、生物か化学に関心がある可能性もある？」

結局、数回の面談のあと、この学生は転科して、生物の道に進むことになりました。

この学生のように、進路や就職を決めるとき、自分自身がやりたいことより、偏差値や就職率で選んでいる学生はたくさんいます。

やりたいことも見当たらないから、とりあえず偏差値を目安に選んだということは、試みとして意味がありますが、教師や両親の勧めによって選んだとしたら、それは好きなことをがまんさせられ、本当にやりたいことをつぶしているおそれもあります。

より偏差値の高い方、より有名な方を選ぶのがよいという物差しは、子どもにがまんを強い、子どものやりたいことの芽を摘《つ》み、その人らしさを奪い取っていくことにもなりかねません。

今やっていることに、まるで興味が持てない。
目の前の仕事に、どうしても前向きになれない。

そう感じたら、世間一般の物差しをいったん横に置いて、自分自身に「がまんしていない?」と問いかけてみてはいかがでしょう。

幼い頃、何気なく熱中していたこと、その中に自分の本当の「思い」や自分らしさの芽やヒントがあるかもしれません。

2章

なぜ、言いたいことが言えないのか

◎がまんしながら「社会の知恵」に従っている

現代は、個人の時代と言われます。

誰もがネットを通じて様々な情報にアクセスできる。
ブログやＳＮＳで情報発信できる。
気に入った人間とつき合い、行きたい場所に行き、職業も好きに選べる。
私たちは一見、何にも縛《しば》られず、人生を自由に生きることができそうです。
ところが、実際の私たちは「社会」という枠組みの中で生きているので、それほど自由ではありません。

社会とは、はるか昔から脈々と受け継がれてきた文化、慣習の積み重ねです。人々が生き延びるために、知恵を出し合い試行錯誤《しこうさくご》し続けてきた営みの中に、私たちは生まれ落ち、成長していきます。

家庭や学校など、社会という枠組みの中で身につけていく知恵は、生きる上で必要であり、大きな助けにもなっています。

ただ、残念ながら、その知恵は必ずしもすべての人やどの時代にも合うとは限りません。

与えられた知恵に違和感を覚えることもあれば、拒否反応を起こすこともあります。

小さな子どもが泣いたり暴れたりするのは、感覚が合わない「社会の知恵」に対するせいいっぱいの意思表明と言えます。

子どもたちは親に叱《しか》られたり、「そんなことでは生きていけないよ」と諭《さと》されたりしながら、合うものは引き受け、合わないものは引き受けやすい形に変えるなど、自分に合ったやり方で社会になじむことを覚えていきます。

ところが、なかには、引き受けにくいものをそのまま引き受けて生きようとする人が出てきます。

周囲に受け入れられるように振る舞い、がまんしてでも周囲に合わせなければ……とそんな知恵に自分を縛りつけ、自分の「思い」を押し殺してしまう人です。

科学が進歩し、便利になった社会で、一見、人は自由に生きているように見えますが、未熟な形で生まれる人間は、成長過程で「社会の知恵」を習い、それに従って生きてみるしかありません。その中に「思い」を抑え込むという行為も含まれています。

当たり前だと思って学んできた知恵が、実は「思い」をつぶすがまんになっていないか、問い直してみましょう。

◎自分に合わない「常識」に縛られている

子どもはどんな環境（社会）であろうと、生まれた場所で何とか自分の居場所を確保して生きるしかありません。

どれほどひどい場所だとしても、路頭《ろとう》に迷って死なないよう、必死でがんばります。はたからみれば、逃げた方がいいと思われるような場合でも、そこしか居場所がなければ、「思い」を抑えてがまんするしかありません。

そのような習慣が身につくと、それが普通のようになります。

子どもは、身近な家庭や社会の決まり事しか知らないので、その習慣を当たり前のこととして受け取っていきます。

その環境の常識がルールとなり、常識に外れると社会や家庭から除外（追放）されると受けとめがちです。


ですが、それほど常識は絶対のものなのでしょうか。

よく考えてみると、常識は、その社会の中での決め事ですが、それは、その社会から外に出れば変わることもあります。

「許されなかった」常識が、許されていることもあります。


常識とは、その社会をつくってきた人々の経験から、年月をかけて「よし」とされた行動や考え方です。

それが誰にでも、いつの時代にも適応できるとは言えず、生きている時代や場所によって、自分に合わない常識に出合います。

社会の常識は大きな影響力を持つため、「常識に逆らう人は、どうかしている」と思われがちです。その反面、多様性を持つ個々人にとっては、自分に合わない常識によって、自分らしさがつぶされることもあり得ます。

たとえば、

・混雑する満員電車で毎朝通勤しなければならないこと
・上司や同僚につき合って残業しなければならないこと

これらは、少し前には会社員の常識だったかもしれませんが、今や「当たり前」ではありません。

やらなくてはならないことがあるときは、がまんは当たり前、「思い」を抑えるのが常識。その思い込みは、自分らしさを殺していく可能性があります。

がまんがとてもつらい。そう感じたら、自分がまちがっているのでもダメなのでもなく、常識の方が自分に（時には他の人にも、時代にも）合っていないことがありそうです。

◎「受け入れてもらうこと」にとらわれている

本音を隠して、「思い」を抑えつけて、人から受け入れられるように振る舞っていれば、人との関係が悪くなることはないでしょう。

どこでも、誰といても、気に入られるような八方美人になれば、その時、その場の人とはうまくいくでしょう。

ただ、そういう関係の持ち方は長続きする深い関係には発展しないでしょう。

何でも話せる親密な関係は、時に葛藤や対立を経験しながら、それを解決し、違いを理解して、互いに受け入れる関係であり、相手に依存しない関係です。

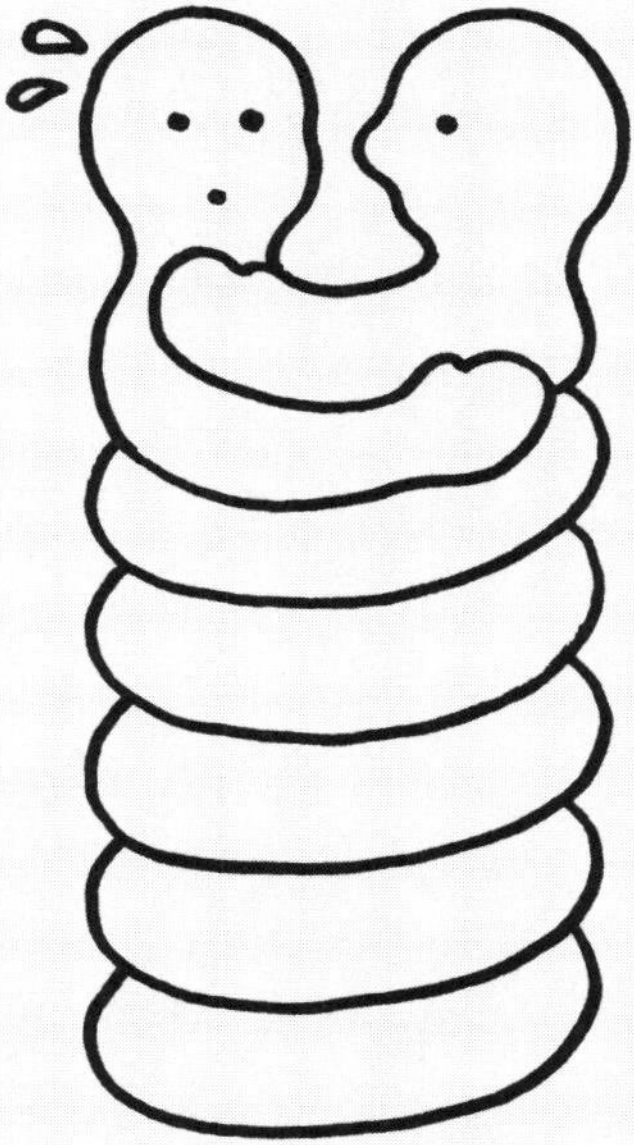

「受け入れてもらうこと」
にとらわれている

ひとりぼっちになりたくない。人から受け入れてもらいたい。そのために相手に合わせ、がまんを重ねると、皮肉なことに、相手まかせの関係になるので、不安や寂しさはつのります。

「一人でいるのはかっこ悪い」
「職場で一緒にお弁当を食べる人がいないのはみじめだ」
と思い込んでいる人がいると聞きます。自ら近づいたり、誘ったりすることをしないで待っている者同士は、受け入れる前に、知り合うこともできません。

「受け入れてもらうこと」にとらわれすぎると、結局、関係づくりに受け身になり、相手がめんどうをみようと思わない限り、近づくことさえできないでしょう。

◎ 右脳で「思い」を感じ、左脳で「思い」を抑えるメカニズム

自らの「思い」を抑え込むとき、私たちは「苦しい」「悲しい」「困った」といったネガティブな感情を打ち消そうとしています。

その感情を感じるとつらくなるので、感じないように努力し、「がんばろう」「先に進もう」と意志の力でその場を乗り切ろうとするのです。

そのとき、私たちの脳は、左脳が優位に働いています。

左脳は覚えたり、考えたり、方法を工夫したりといった知的な働きをするので、そちらが優位に働けば感情を抑えてその場を乗り切る行動をとることができます。

そうすると、苦しみをこらえて動き、悲しみを隠して笑顔をつくり、冷静に何もなかったように振る舞うことができます。断りたい残業を引き受け、会いたい友人に「今日は会えなくなった」と伝えることもできます。

その行動の裏では、「命令だからしかたがない」「仕事のために、友だちを失うこともある」と再び左脳を働かせ、自己説得をしています。

一方、感情を感じているときは、右脳が働いています。

そちらが働くと喜怒哀楽《きどあいらく》、様々な感情を豊かに感じることができます。ただ、そちらだけが優位に働くと、感情的になったり、感情に巻き込まれたりする状態になります。

できそうもない仕事を頼まれると、「できない、どうしよう……」「さっき頼まれた仕事をしている最中なのに、できるわけないでしょ!」「そんな無理を言うなんて、ひどい……」「無理です!」となります。

冷静に考える必要があるときは、感情的にならないようにすることも必要です。右脳が優位に働きすぎると、思考・判断ができない感情的な反応になりかねません。

しかし、左脳ばかりが優位に働きすぎると、冷徹《れいてつ》で、情も心もないコンピューターのような反応になります。

人間は左脳が発達した動物で、それに右脳の信号をうまく取り入れて知恵をつけてきました。両方ともバランスよく使わないと、感情や欲に走ることになるかもしれません。

がまんは、左脳の働きが勝って、右脳の働きを抑えています。

生き生きした、豊かな感情を抑えますので、自分の脳をフル活用していない、もったいない状態と言えるでしょう。

◎親への批判を通して、「思い」の伝え方を学ぶ

私は、来談者の悩みや問題を聞くとき、悩みを解決してあげようとするのではなく、「相手が元気になるにはどうすればいいか」を第一に考えます。

本人が元気を取り戻せば、悩みにどう取り組むかは、自分自身が決められるようになるからです。

元気になるということは、大きな声ではしゃいだり、活発に動き回ったりすることではありません。周囲の様々な出来事に対して、自らの「思い」を大切にし、自分らしく対応できるということです。

自分らしい対応とは、嫌だと感じたらその自分を受けとめ、自らの「思い」に従って、そのことにどう対応するかを考え、動くことです。幼い頃から親と自由におしゃべりすることができた人には、この傾向が身についています。

親と自由に会話ができるから、親を批判したり、疑問をぶつけたりします。いわば親への反発や批判を通して、常識を問い、「思い」を伝えることを身につけていきます。

もちろん、その過程では葛藤《かっとう》が生まれることもあります。「親なんて何もわかってない！」と、親とケンカしたり親から離れたりすることもあるでしょう。

こうした葛藤や対立には、自分らしく「思い」を大切にして生きようという試みが含まれています。自分らしさは、親への反発や批判を皮切りにして、がまんと折り合いをつけたり、常識とうまくつき合ったりすることを助けます。

親とは違う自分、社会の常識になじまない自分は、「おかしい」のではなく、自分の

「思い」の中核が表れてきたことを示しているかもしれません。

人それぞれ顔が異なるのと同じように、それぞれ異なる自分らしさの中核を発揮して生きていこうとすることが、互いに意味のある葛藤ではないでしょうか。

「同じ」という安心、「違う」という発見

中学生くらいまで、人は「人と同じ」ところを探します。同じ気持ち、同じ考え方の人がいると安心し、似た者同士で集まります。

「ちょっと違うな」と感じても気にせず、同じところを探して、相手に合わせる努力もし、「こんな仲間がいる」ことが、安心感の源になります。

やがて、高校生にさしかかる頃から、人との違いが気になり始めます。

親への批判が同じであることをきっかけにクラスの友だちと「あの人たちと自分た

ちとは違う……」と、親たちの世代を否定してみたり、自分たちを別のグループと比較してみたりしながら、「違い」を吟味《ぎんみ》し始めます。すると、しだいに「違い」は「間違い」ではないのだということがわかります。個性の発見です。

同じであるという安心感から、違いを発見することを経て、「みんな違うんだ」「個性は大切だ」「自分らしさって何だろう」と心を成長させていきます。

違うだけなのに、同じでないことを「間違い」だと思うと、自分の「思い」を抑えたり、違う個性を持った人をいじめたりして、違いは脅威《きょうい》になります。

逆に、違いに好奇心を持ち、面白いと思えると、別の価値観を取り入れることにも自由になり、対人関係の幅が広がります。

「思い」を大切にする生き方には、「同じ」ことの安心感と、「違う」ことの発見のバランスが大きくかかわっているようです。

◎おおざっぱな言葉遣いが、細やかな感情を見えなくする

人間は「感情豊かな動物」です。動物は感情があるから生きていけるのですが、人間にとっては、生死にかかわるだけでなく、生活の豊かさを左右するほど大切な機能です。「思い」を抑え込んでしまうことは、それほど重要な感情を押しつぶし、ないがしろにしているということでもあります。

自分の脳の働きを取り戻すためには、まず、生まれたときから自然に出てくる感情と丁寧《ていねい》につき合い、感情とはどんな働きをしているかに向き合ってみることです。

向き合ってみると、私たちが考えている以上に複雑で、多種多様なことがわかります。

たとえば、人間の感情には「楽しい」「悲しい」「腹立たしい」「苦しい」「痛い」など赤ん坊や他の動物でも感じる基本的なものから、「悔しい」「情けない」「恥ずかしい」など、人間関係の中で学んでいくものまで多種多様にあって、とても複雑な感情が言葉になっています。

『感情表現新辞典』（中村明・東京堂出版）には2000以上の言葉が載っていますが、言葉で表現しにくいものも合わせると、限りない種類と数になるでしょう。

最近若者の間では、感情を表す言葉として「キモい」「ウザい」「ヤバい」などが、紋《もん》切り型で使われますが、どうにでも解釈される感情言葉です。

「ヤバい」にいたっては、「危ない」という本来の意味以外に「素晴らしい」「かっこいい」「おいしい」などを言い表す言葉としても用いられています。

このようなおおざっぱな言葉遣いをしていると、細やかな感情を表現し、理解することが困難になっていくでしょう。

「言葉は意味の候補」と言われますが、複雑な感情を理解するには、その言葉の意味を分かち合うことも大切なのです。

また、私たち人間は、ひとつの物事に対して、ひとつの感情だけしか感じないわけではありません。「ありがたい」と感じる一方で「迷惑だ」と感じたり、「うれしい」けれど「悲しみ」も覚えたりなど、相反《あいはん》する感情を同時に持つこともあります。

自分自身が無意識に感じている複雑な感情を自覚し、相手にも理解してもらえるように伝えるには、日頃から細やかなニュアンスを持った言葉を使って、感情表現を試みることが大切です。

絵文字やスタンプで表現力が衰える

最近は、LINEのスタンプなど、自分の気持ちを言語ではなくイラストや動画などで伝える方法に人気が集まっています。SNSのコミュニケーションをユーモラスに楽しむという意味では、様々なスタンプはとても便利です。

ただ、これに頼りすぎると、自分の気持ちや思いを言葉で伝えるのが億劫《おっくう》になり、自分の言葉が出てこなくなります。表現力が衰《おとろ》えていくおそれもあります。

たとえば、行き違いや誤解など何らかの事情があって、「ごめんなさい」と真剣に謝りたいとき、かわいいキャラクターが頭を下げて謝っているスタンプが本心を伝えてくれるでしょうか。

また、メールを多用したコミュニケーションも要注意です。いつでも、どこでもやり取りができるメールは確かに便利で、私たちの関係づくりを助けてくれます。

ところが、大切な気持ち、細やかな感情をもっともよく表現するのは、表情、身体の動き、声の調子などです。その助けがどれだけ私たちの感情を伝えるのに役立っているか。スタンプや絵文字は到底かなわないし、送り手と受け手が違った受け取り方をしてもそのままになりかねません。

これを続けていると、感情の表現が下手になったり、感情が伝わってくるような場面を避けたくなったりして、ますます感情を削《そ》いでいくでしょう。

自分の感情を豊かに感じ取り、感情的にならずにそれを言葉にできるのが人間だということを忘れないようにしましょう。

3章

アサーションで「思い」に気づき、自然体に生きる

◎コミュニケーションを通して人間関係をつくる

上司からパワハラを受ける、友人にふり回される、パートナーから暴言を吐《は》かれる……多くの人は、人間関係をつくる試みの中で、がまんすること、「思い」を抑え込むことを強いられます。

言いたいことをがまんし、「思い」を封じる努力は、いわば人間関係への配慮と言っても過言ではないでしょう。

人は未熟な状態で生まれる生き物であり、人間関係の中で育てられ、助け合いながら生きていきます。「そんなことは当たり前だ」と思われるでしょうが、案外多くの人が、この基本を忘れているようです。

常識に縛られず、目の前にいる人を大切にして、しかもがまんしないで、いかに人間関係をつくっていくか……。効率と競争が重視される時代、物事を「速くたくさん」進めることが要求される中で、人間関係は二の次にされ、それゆえにますます仕事上のつまずきや息苦しさが増えています。

上下関係の息苦しさの中、そのことにいち早く気づいてきた社会学、哲学、そしてカウンセリングの世界では、人間関係に対して、あらためて問いかけを始めました。**「人間関係をどうするか」ではなく、「そもそも人は人間関係の中に生まれる」という基本に戻って、「関係性をつくって生きるとは、どういうことか」という問いを投げかけたのです。**

人間の生き方を「関係性」の視点で考え直すと、コミュニケーションが大切になります。

つまり、人間はコミュニケーションなしには生きていけないこと、そして、コミュニケーションを通して関係をつくるために、何はさておき「互いに思いを伝え合うこと」が必要です。

ただ、「思い」を抑えがちな人にとって、自分の意見を言ったり、反論を表現したりすることは、慣れないことです。その結果起こる葛藤や相手からの反撃は、恐ろしく、一層、慣れないことに対応しなければならない困難をかかえることになるでしょう。

ところが、そんな思いをしないで成り立つやり取りがあります。

それは「アサーション」。

「自分も相手も大切にする自己表現」という意味を持つコミュニケーションの考え方と方法です。

◎コミュニケーションにおける3つの自己表現

アサーションでは、コミュニケーションには「攻撃的自己表現」「非主張的自己表現」「アサーティブな自己表現」の3つのパターンがあると考えます。

攻撃的自己表現

1つ目は、自分の思いや頼み事を相手に命令したり押しつけたりして、自分の思い通りに相手を動かそうとするやり方。「攻撃的自己表現」のパターンです。

攻撃的自己表現の特徴は、自分の言い分を通すために怒鳴《どな》る、威圧的に話す、押しつける、など。丁寧にやさしく言いながら相手を思い通りに動かそうとする操作的な話し方も、これに含まれます。

人にがまんを強《し》いたり、無理を押しつけたりする人は、この攻撃的自己表現を用いている可能性があります。

非主張的自己表現

2つ目は、自分の考えや気持ちを言わず、言いたくても自分を抑え、結果的に相手の言うことを聞き入れてしまうやり方。「非主張的自己表現」のパターンです。

非主張的自己表現では、相手を立て、相手が不愉快にならないよう自分の気持ちや意見を伝えません。その結果、自分は相手を立てて譲《ゆず》ったつもりでも、相手には「同意した、不満はない」と受け取られるでしょう。

自己を犠牲にして相手を優先するので、人から頼りにされやすく、排除されることはありませんが、心理的なストレスを負いやすく、時にメンタルヘルスに害を及ぼすことにもなります。

思いを抑えてしまう人は、非主張的になる傾向が強いです。

そして、攻撃的な表現をする人と、非主張的な表現をする人とのコミュニケーションでは、押しつけとがまんの関係ができます。

攻撃的な表現をする人は、自分の思いが通りやすいため、自分には能力や権威があると錯覚《さっかく》しやすいのですが、実は相手の善意や配慮に依存した言動でもあるので、必ずしも自立的に動いているとは言えません。

自分の言い分を聞き入れてくれる相手がいなければ動けない、わがままを言い張っている子どものような状態とも言えるでしょう。

たとえば、人生経験が少なく弱い立場の人（部下、子どもなど）は、人生経験が豊富で強い立場の人（上司、親など）には、守ってもらわなければならないので逆らえません。

また、女性（妻）は男性（夫）に逆らえないなど、権力や立場の違いを優先させて、無意識のうちに依存的になりがちです。

この例に比べると攻撃的な自己表現は、一方的な自己主張で相手を従わせようとするので、一見、自立的に見えます。ただ、相手が自分の思い通りに動くことだけ考えて、相手を当てにしてしか動けないという意味で、依存的な態度・表現だと言えるでしょう。


非主張的自己表現も攻撃的自己表現も、互いを大切にしていない関係性をつくるだけでなく、依存性の高い、自立を疑わせる態度と言えるでしょう。

第3の自己表現「アサーション」

アサーションとは、立場や役割を大切にしながらも、互いを一人の人間として大切にすることであり、そんな自己表現がアサーティブな自己表現です。

アサーティブな自己表現は、がまんしたり、がまんさせたりすることがないやり取りです。

がまんする人、思いを抑えてしまう人は、まず相手のことを考え、配慮してから、自分の態度を決める傾向があります。

ところがアサーションでは、まず自分のことを考えます。それはわがままでも身勝手でもなく、自分の気持ちや考えがわからないと、話にならないからです。

そして、気持ちや考えを相手に伝えた方が自分を大切にしていると判断したら、それを正直に、わかりやすく、相手を大切にする気持ちを込めて表現してみます。

その結果、相手はあなたに同意することもあれば、同意しないこともあるでしょう。

それが人と人との自然なやり取りであり、同意されず葛藤があるときは、互いに歩み寄りの話し合いを続けることになります。

「相手に逆らうと嫌われる」「生意気だと思われる」、そうしたら「友だちはできなくなる」し、「物事がやりにくくなる」といろいろ想像してがまんするとき、人は葛藤を避け、相手が嫌な思いをしないように動こうとしているのでしょう。

しかし、それは無意識のうちに自分の考えを明確にすることをやめ、自分を軽視していくことになりかねません。

それは、アサーティブでもなければ、自然体でもないでしょう。

アサーションで「思い」に気づき、
自然体に生きる

◎「思い」に気づき、大切にするための10のポイント

①まず、自分に正直になる

アサーティブな自己表現の第一歩は、自分の考えや気持ちをそのままつかんでみることです。それを伝えるかどうか、どう表現するかは、そのあとに考えます。

たとえば、しめ切りまでにはできない仕事を頼まれたとき、

「命令された仕事は引き受けるべきだろう（でも、今は無理。困った……）」

「事情を言っても怒鳴られるだろう（いつもそうだから、結局従うことになり、嫌な気分になる

だけだ。怒鳴らないでくれないかな……）」

「断ったら生意気だと思われるかもしれない（だけど、自分の状況を聞いてほしい）」


このように、置かれた状況や相手のことを考えるのと同様に、自分の状況や気持ちも、探ってみましょう。

自分の中にはそのとき、「困った」「怒鳴らないでほしい」「聞いてほしい」という気持ちがあることがわかります。

このように両方が見えてくると、「これも伝えてみることはできないか」と冷静に相手の立場も考え、伝え方の見当をつけたくなります。

自分の正直な気持ちが明確になると、それを伝えてみなければ話は始まらないこともわかるでしょう。

また、相手のことを一方的に想像しただけでは、その通りとは限らないし、必ずしも相手を大切にしたことにはならないでしょう。

アサーティブな自己表現は、まず、「自分の気持ちや考えをつかむ」ことから始まると心得ましょう。

②正直な気持ちも大切にする

では、つかんだ自分の気持ちはどのように伝えるのでしょうか。
「久しぶりに友人と夕食の約束をしていて、そろそろ退社しようとしていたら、上司から急な残業を頼まれた」という場面で考えてみましょう。

上司「明日の会議で追加資料が必要になった。君が担当した案件だから、君に作ってもらいたい。2時間もあればできると思うけど、残業頼むよ」
部下「(困ったな……あの仕事だし責任がある。ただ、できれば断りたいので、とりあえず、自分の事情を伝えてみよう)昨日、出した書類ですね。実は今日これから、久しぶりに会う友人と夕食の約束があるんです」
上司「そうだったのか。君に頼めると助かるんだけどね。どうにかならないだろうか」

部下「そうですね（断られたら上司も困るのはわかるな……。だけど友だちとの約束はキャンセルしたくない。やはり今日は約束を優先して、明日早く出社してやることを上司に提案してみよう）。本当に久しぶりのチャンスなので、できれば今日は早く帰りたいと思います。明日の朝早く出てきて準備するのでもかまいませんか」

上司「明日の朝か……。会議は10時からだから少し早く出てきて作ってくれれば、それでもいいよ。よろしく」

部下「そうします。ありがとうございます」

自分の事情や気持ちが明確になり、それを伝えようとすると、上司の事情もわかり、上司の立場も尊重しながら歩み寄りの提案をすることができます。

自分の気持ちを大切にして初めて、このようなやり取りが生まれます。上司も部下の意見を受けとめて、問題が解決しています。

自分の気持ちを明確にしたら、大切にすることを心がける。

そうすると、自分も相手もがまんしないコミュニケーションが生まれ、互いに歩み寄ることができ、葛藤の解決につながります。

③「できない」を知って自信をつける

ただ、現実は必ずしもこのようにうまくいくとは限りません。

言いたいことが明確でも、うまく言葉にならなかったり、言い出したものの相手の胸中を察して、言いよどんだり。また、明確に伝えても、それを相手がどう受け取るかは自分にはわからない、などなど。

自分が相手の話をいつもきちんと理解するとは限らないように、相手に悪気《わるぎ》がなくても、誤解したり、話がずれたりすることはあります。ときには、自分の本意でないにもかかわらず、相手の気分を害してしまうこともあります。

それは、相手も同じでしょう。

だからと言って、何も伝えないでがまんするのと、やってみてうまくいかないのとでは大違い。後者の方がはるかに建設的です。

失敗を通して「何ができていなかったか」をわかろうとすれば、現状が見えてきて、行き違いや誤解が解け、「お互いさま」であることもわかります。「次はこうしよう」「話し合ってみよう」「助けてもらおう」など、エラーを回復する道筋も見えてきます。がまんする方法だけでなく、その他の対応の選択肢も増え、柔軟に動けるようになります。

失敗を恥じるのではなく、それを次のステップに活用していくこと。やり取りにつまずくことがあっても、それを回復しようとすること。それがアサーションです。

アサーションとは、明瞭でわかりやすい一発勝負のやり取りをすることではありません。

むしろ、互いを大切にするやり取りでは、つまずきも失敗も回復しようとすること。アサーションの本意にはそんなコミュニケーションと人間関係が含まれています。

なぜなら、人は完璧《かんぺき》ではないので失敗します。人には「失敗する権利がある」と言われるように、神ならぬ人間には「できないことがある」というのが現実です。誰にもできないことがあることを前提にすれば、互いに優しくなれるし、「お互いさま」という関係が生まれます。

私たちの自信は、できないことを知ることで身についていくと言ってもいいでしょう。

自信とは、「自己信頼」のことで、自分を当てにできることを意味します。また、何でもできて、失敗もしないから得られるだけではなく、「できない自分」を知ることからも得られます。

失敗しても修復できる自分、どうしてもできないこともある自分を知っていくと、できることは引き受け、できないことは引き受けないようになります。それが、自分を当てにすることであり、自己信頼なのです。

アサーションは、その自信の上に成り立っています。

しめ切りまでにできない仕事を頼まれたときに断ることができるのも、自分の現状を踏まえて、できないことを知っているから。アサーティブに事情を伝えた上で、心から詫《わ》びることもできるでしょう。

④常識を疑ってみる

アサーティブな表現を身につけるには、世の中の常識を疑ってみることも大切です。

当たり前と言われていることに対して、「誰にとってもそうか？」と考えてみるのです。

たとえば、「不登校」について考えてみましょう。

・学校に行かなければ知識が身につかない
・教育を受けなければいい仕事にありつけない
・そもそも義務教育を受けていないのは法律違反だ

・だから不登校はよくないし、学校に行かないと、困ったことが起こるのでは……？

これらは確かに、ほとんどの人が同意する常識でしょう。

仮に、あなたが「義務教育は受けるべきもの。だから学校で学び、知識や学歴を得て、それなりの会社に就職することができた」とすれば、それはあなたの考えと多くの人々の常識が一致したということで、それにこしたことはないでしょう。

これに対して、常識から外れて、何らかの理由で不登校になった人はどうでしょう。

・いじめられて学校に行けなくなった
・勉強もできず、友だちもいない
・そんな自分は誰にも受け入れてもらえない
・人並みにやれない自分はダメ。死んだ方がまし……

となったとしたら、みなさん、いかがでしょう？

常識から外れ、人並みのことができないと、誰もがこんな結果になってしまうのでしょうか？

そこには、単純に良い悪いでは判断できない何かがありそうです。

いじめられて、安全でないところから逃げるために学校に行かないこともある。勉強を続けるためには、塾だってあるし、認定試験を受けてもいい。学校がうまく対応してくれないときは、転校もあり得る、などなど。

アサーティブな視点で考えると、常識による良い悪いの判断は二の次です。その人にとってベストな結論に至るには、常識はいったん横において、「その人の生き方」として考えてみる必要があります。

だからと言って、「常識の方が間違っている」というわけではありません。常識とは、一般の人が持ち、また持っているべきともされる考え方で、それがあることで、私たちは安心でき、多くの人とつき合っていける大まかな基準です。

だから、自分か、常識か、どちらかが「間違い」と考えるのではなく、多くの人に当てはまる常識がたまたま自分には当てはまらなかった。そのことを踏まえて、問題にどう対処するかを考えることです。

これは個性の問題でもあり、それが自分らしい生き方をつくります。

私たちの周りには、たくさんの常識があります。

有名な学校を出るのがいい。たくさん稼ぐのが偉い。親は子どもを愛するもの。子どもは親を敬《うやま》うべき……などなど。

常識を「誰にとってもそうか？」「私にとっては？」と問い直してみること。

自分に合った言動を選ぶアサーティブな生き方の訓練でもあるので、悲観的になったり、がまんしそうになったりするときに、やってみましょう。

⑤好奇心を持ち、自分らしさを発見する

自分らしい自分になるには、好奇心を失わないことです。

その人らしさとは、何に関心を持つか、何がしたいか、何を大切にして、どういう方向でやろうとするか、といった好奇心に現れるからです。


たとえば、幼い子どもについて考えてみましょう。

子どもは、「ああしなさい」「こうしなさい」と指図《さしず》をされすぎないとき、その動きは好奇心に満ちています。

危ないことをしでかすこともありますから、放ってばかりはいられませんが、好奇心のまま、時間も忘れて好きなことにのめり込む姿は、エネルギーに満ちあふれた人間本来の姿でしょう。

大人になるにつれて、状況に応じて先延ばしにしたり、好奇心があっても能力が及ばないためにあきらめたり、と自制することを覚えますが、成長していく過程で好奇心を削《そ》がれず、好きなことをのびのびとやりながら育てば、人は自分らしく、「思い」を抑圧されずに生きていくと言っていいでしょう。

逆に、「そんなことをしてはいけません」「それよりもこれをやりなさい」、そんな親からの言葉が子どもの好奇心を奪っていることも決して少なくありません。

「思い」を抑えてがまんしてしまう人は、子どもの頃の好奇心を、何らかの理由で削がれたり、抑えられたりした可能性があります。

では、一度奪われてしまった好奇心は二度と取り戻せないかというと、そんなことはありません。初めてのことや知らないことに対する好奇心は、自分で自制しない限り、「それって何?」「これどうなってるの?」と今からでも、誰からでも出てきます。

ただ、その対象や中身は人によって違います。その違いこそ、自分らしさであり、自分らしさの土台です。

それはアサーションの原動力にもなっていくでしょう。

好奇心を持ち、
自分らしさを発見する

⑥子どもの頃、好きだったことを知る

自分の好奇心を活性化するには、記憶をさかのぼって「子どもの頃、何が好きだったっけ？」と問いかけてみるといいでしょう。

私は、進路や将来についてのカウンセリングをする際、「幼い頃に何に夢中になっていたか」を尋《たず》ねることがあります。

子どもの頃、誰にも邪魔されず自由に遊んでいたとき、どんなことに関心を持ち、どんなふうに熱中して遊んでいたかを聞いてみるのです。

たとえば、1章で紹介した「物理学科が合わない」と相談に来た男子学生の場合、自ら積極的に「山での虫捕り」をして遊んでいたことがわかりました。

学校から帰ると、裏山に出かけてはカブトムシを捕まえ、どういう虫なのか、いつ産卵して孵化《ふか》するのか、どうすればうまく育てられるのか、などを試したり、調べたりした、と驚くほど詳しく聞かせてくれたのです。また、たくさん捕ってきては、学

校帰りの道端で、1匹5円で売っていたというのです。

これほどひとつのことにコミットし、詳しく、生き生きと語れるということは、しかなくそれを選んだのではなく、自らはまり込んでいたということにほかなりません。彼にとって、生き物と触れ合うことは、自分らしい生き方そのものだったのでしょう。それを小遣い稼ぎにもしていたとは……！

一方、あまりのめり込んでいない人の場合、これほど詳しく語ることはありません。同じ虫捕りでも、友だちから一緒にしようと誘われたとか、それしかなかった、という場合もあり、好奇心の発露《はつろ》とは言えないでしょう。


このように、時間も忘れて没頭していたこと、好んでやり続けていたことの中に、好奇心＝自分らしさの芽、が隠れています。


その意味では、好きだった遊びだけでなく、どんな本や漫画を読んでいたか、テレビ番組を観ていたかなども、自分らしさを探し出す手がかりになります。

欠かさず観ていたドラマ、このシーンのこのセリフに感動したなど、鮮やかに印象に残っていれば、それは自分らしさや自分の人生のテーマを象徴している可能性があります。

ただ、残念ながら、子ども時代の遊びや熱中していたことは、「単なる遊びと時間つぶし」「役に立たないこと」として誰かにつぶされるか、自分自身でも忘れていることがほとんどです。

「テレビばかり観てないで、もっとましなことでもしなさい」
「家の中に虫を持ち込むのはやめて」
「いくら漫画が好きでも、漫画家にはなれないのよ」

こんな親のちょっとした小言が、子どもの好奇心=自分らしさをつぶしたことも十分考えられます。

・小言を言われてあきらめたもの

・くだらないと言われてしぶしぶやめたもの
・逆に、親以外の人に何気なくほめられたこと、感心されたこと

こうしたものを記憶の中から丹念《たんねん》に拾い集めてみることも自分を取り戻す、「思い」の根っこを探す助けになります。

⑦「自分の言葉」を探し出す

私たちは、子どもの頃から、親や先生など、周囲の大人からいろいろなことを聞かされて育ちます。

「これはいい」「これはダメ」など、大人の価値観に基づいた言葉を聞いているうちに、無意識にそれらを内面化し、自分自身の価値観や言葉として使うようになります。

私たちが持つ考えや言葉は、いわば自分が生まれ育ったところで自分以外の誰かから、とりあえずもらったり、借りたりしたものであると言ってもいいでしょう。

ところが、私たちはそのことに気づかず、自分の考えや言葉であるかのように表現していることが少なくありません。

自分にはちょっと合わないと感じることもあるのに、自分で考えついたことのように思い込んだり、窮屈《きゅうくつ》な洋服をがまんして着ているように、現実の自分と借り物の自分との間で苦しんだりすることもあります。

次の例は、ある学生とのカウンセリングでのやり取りです。彼は途方に暮れたように、話し始めました。

学生「自分は何もできない、ダメな人間です。これからどう生きていったらいいのか……」
平木「どんなふうに何もできないの？」
学生「自分は成績もよくないし、友だちも多くありません。中学のときいじめられて、不登校になり、高校では目立たないようにおとなしくして、受験勉強に集中して通り抜けました。でも、これからはこんな自分では通用しません。先行きがものすごく不安なんです」

平木「こんな自分では通用しないって、どこで習ったの？」

学生「え？　習った……ですか？」

平木「そう。そんなふうに考えていることは、どこかで誰かから、そういう考え方を聞いたのか、と思って……」

学生「……（きょとん）」

平木「もしかして、あなたがもともとそう考えていたのではなくて、誰かから習ったのかな、と思ったので……」

学生「そうですね……、成績はよくないし、友だちもいないのでは将来が危《あや》ういとは、中学のときからずーっと親や先生に言われていたかな……？　自分でもそう思います。大学に入ればなんとかなると思っていましたが、どちらももう手遅れかと思って……。

大学生活に期待したけれど、親たちの言う通り、他の学生たちはその先をどんどんやっているようですし……。やはりダメなのかなーと思って……」

平木「親の言うことや、他の学生のやっていることができないとダメだと思うのですね。それは不安になるのも無理はありません。ただ、それに全面的に賛成しないで、大学ではそれを取り戻そうとしているあなたもいるんですよね」

学生「そのつもりでした。大丈夫でしょうか？」

こうしなければダメ。こうしては取り返しがつかなくなる。他の人と同じことができないと落伍者《らくごしゃ》になる……。

このような言葉で不安になったり、力が出なかったりしているときは、私が学生に問いかけたように、自分で自分に問いかけてみるといいかもしれません。

「この考え方、どこかで習ったのかな？」

「私は、いつからこんなふうに考えるようになったんだろう？」

「この考え方に違和感を持ったことはなかっただろうか？」
「これ、自分にピッタリくる考え方なんだろうか？」

不安や無気力に襲われているとき、この問いを発してみると、多くの場合、自分がその考え方に違和感を覚えていることがわかります。

自分の声や言葉が、他の人の言葉に支配されて小さくなっているのです。

自分の言葉でないようだと気づいたら、自分にしっくりくる表現に変えてみましょう。生み出される言葉は、現在の自分の本心と将来を語る言葉になるでしょう。

たとえば「他の人とは違う道を歩いているかもしれないけれど、だからこの考え方をするようになったし、その自分がここにいる。ダメかどうか、やってみなければわからないし、やってみる価値はある」などと言葉にしてみるのはどうでしょうか。

⑧がまんを日記や手紙に書く

自分の気持ちがつかめない、自分の言葉が見つからないときは、とりあえず何でもいいから言葉にして外に出してみると、徐々に自分の思いが明確になっていくことがあります。

とりわけ、とても人に話せない、うまく言葉にならないという場合は、胸の内を日記に書いてみましょう。ぐじゃぐじゃになってどうしようもないものを、紙の上に書き出してみるのです。

大変な家庭環境の中で、がまんを重ねてきたある女子大学生の話です。

母親が妹を偏愛《へんあい》し、長女である彼女は母親からお手伝いさんのようにこき使われ、愛情面でも経済的にも差別されて育ったのですが、それを父も妹も素知らぬ顔をして見ていたというのです。

「大学を出るまでは」とがまんにがまんを重ね、そのためにほとんどのエネルギーを費やしてきた暮らしが想像されました。

ところが、彼女の話しぶりは冷静で、しっかりした考え方を持っていて、苦しさや悲しさなども率直に正直に話すのです。

これほどのがまんをしながら、どう自分を保ってきたのか。どのように自分を支えてきたのか。驚きを感じて尋ねたところ、「きっと自分の思いを日記にすべて書いていたからでしょうか」と言いました。

おそらく彼女は、自分の中からあふれる思いを日記に書き出すことで、気持ちを確かめたり、整理したりしていたのでしょう。そして、自分を見失わないよう、やるべきことを淡々とこなして状況と戦い、自分らしい心を保つ支えにしていたのだと思います。

日記を書くことが、「借り物」でない自分の言葉を探し、がまんにつぶされない自分をつくることにつながったのでしょう。

ちなみに、日記を書いたり、書いたものを読み上げたりすることは、カウンセリングでもよく使われます。文章を書くのが苦手という人は、口語で比較的楽に書ける手紙でもかまいません。

手紙は自分宛に書いてもいいし、気持ちを伝えたい誰かに書く場合もあります。それは相手に渡さないのですが、書いたり、一人で読み上げたりすることは、「思い」に気づき、それを大切にする一歩になります。

⑨ 映画や音楽で感情を味わう

私たちは大人になるに従い、感情よりも知を働かせるようになります。五感を通して何かを感じ取ることより、覚えたり計算したり、考えたりする能力を伸ばすことをよしとして教育されるからです。

2章でも述べましたが、自分の気持ちがよくわからなかったり、細やかな感情をつかめなかったりするのは、知を優先し、感情をあと回しにした結果でもあります。

あるビジネス研修の現場で、知的能力が高く、学歴もあってビジネスでも成功を収めた人が、私の言葉に反応して、いきなり涙を流し始めたことがあります。涙が出たことに本人もびっくりし、なぜ泣いたかもわからないと言っていましたが、おそらく、私が発した何らかの言葉が、感情の琴線《きんせん》に触れたのでしょう。

感情を殺し、がまんする人生を送っていると、安心してほっとしているとき、何かに触れて、わけもなく涙が出ることがあります。

どんなきっかけであれ、涙は大きな意味を持っています。涙は悲しさだけでなく抑え込まれていた様々な感情を解き放ち、「思い」を抑え込んでいたことを教え、ため込まないよう促してくれます。

大人になると、おのずと涙を流す機会は少なくなります。泣くことにブレーキをかけることも多くなります。ですが、「思い」に気づき、大切にしていくためには、恥ずかしがらずに思いきり泣くことも大切です。

人前で泣くことができない場合は、音楽を聴き、映画を観て、たくさん感動するの

もおすすめです。好きな歌を熱唱するなど、全身で感動するのもいいでしょう。

音楽や映画は娯楽としてだけでなく、自分の感情を養い、「思い」に気づく自分になる助けにもなります。味わい楽しんでみてはいかがでしょう。

⑩カウンセリングを受ける

自分の気持ちがつかめない、整理することができない、解き放ちたいけれどできないときは、他者の力を借りて、自分らしさを探すのも大きな助けになります。

心を許せる友人、話をじっくり聞いてくれる人、あるいはプロのカウンセラーとの対話から、抑えていた気持ちや自分らしさを引き出してもらうのです。

じっくり聞いてくれる人がいるとき、言葉遣いや整理がついているかどうかにこだわらず、日記や手紙に書いたようなことを、ポツリポツリとでも、一気にでも言葉にして外に出してみると、それを語った自分が明確になっていきます。

誰かに語るという行為は、自分の内面をつかみ、整理するのにとても役立ちます。カウンセリングは、悩みや問題を解決するためだけにあるのではなく、言葉にして自分を理解し、確かめ、自分らしさを発見して、その自分とうまくつき合えるようになるための知恵でもあることを覚えておきましょう。

4章

《実践》アサーティブに「思い」を伝える

◎「言ってみる」ことから始めよう

「思い」を抑えてしまう人の多くは、自分が言いたいことより、相手の反応の方を気にします。

本当はこうしたい、本音ではこう言いたい。でも、それを伝えると、相手はウンと言わないかもしれない。そのとき相手は気を悪くして、怒るかもしれない。そうすると、自分も嫌な思いをすることになる。それならいっそ、言わない方がいい……。

心の中で、こんな葛藤《かっとう》が生じている場合も少なくないと思います。

これは裏を返せば、「相手が自分に同意しないとき、相手は嫌な気分になっているだろう」「気を悪くした相手が、怒ったり苛立《いらだ》ったりするのは当然」「だから、本音を言えば、自分も嫌な思いをするはずだ」と思ってはいないでしょうか。

自分の思いを伝えるとき、内心では思い通りの反応を返してほしい気持ちがありながら、それが叶えられないときの相手と自分の嫌な気持ちを先読みして、非主張的になるのです。

私たちは、物事が期待通りに進み、思い通りに運ぶことを望んでいます。そして、予想外のことが起こると戸惑い、がっかりしたり、あわてたり、苛立つこともあります。

こうした気持ちの背後には、「思い通りにならないとき、苛立つのは当然」「苛立ちは、相手の言動から起こる」という思い込みがあります。世の中のケンカの多くは、この思い込みによる苛立ちのぶつけ合いと言っても過言ではないでしょう。

それでは、同じように思い通りにならない状況に出合ったとき、実際、誰もが同じ反応をしているでしょうか。

決してそうとは限りません。がまんも苛立ちもしない人もたくさんいます。

なぜなら、人は違った意見を持ち、違ったものの見方をしているからです。ものの見方や意見が違うと、ズレや葛藤が起こるのは自然なことです。

相手と意見が一致しないときは、「思い通りにしないと怒られて嫌な思いをする」ではなく、「人は互いに同じように考えているとは限らない」「不一致はあり得る」と考えましょう。

相手の反応を勝手に先取りして逡巡《しゅんじゅん》せず、思っていることを素直に伝えてみたら、不一致も起こらず、コミュニケーションがスムーズに進むことがあります。

「……べきだ」「……はずだ」「……当然だ」という思い込みは、大切にしたい「思い」を抑圧し、自分を苦しめていることもあります。

私たちのコミュニケーションは、互いに「言ってみる」、つまり「言って、互いにその経過を見る」ことから始まるのだと考えましょう。

◎コミュニケーションは取引ではない

自分も相手も大切にする。

それがアサーションの基本だと述べましたが、「自分も相手も大切に」と説明すると、ビジネスの世界では、「アサーション＝ウィン・ウィンの関係」と受け取られることがあります。

ウィン・ウィンとは、「相手も自分も勝つ」「双方が利益を得る」という意味ですから、アサーションもウィン・ウィンも同じようなものだと受けとめられるのでしょう。

ところが、アサーションはウィン・ウィンとは本質的に異なります。まず、アサーションでは、「ウィン・ルーズ」（勝ち負け）といった考え方をしないからです。

ビジネスの現場では、「双方が満足する」取引が必要で、ウィン・ウィンの関係をつくるために、実際、「勝つ」ことを中心に物事が進みます。

こちらが勝っても、相手が不満に思わないようにうまくやろう。こちらが思い通りの成果を獲得し、かつ相手が気持ちよく終わるにはどうするか……。こうしたおだてやごまかしなどの策を弄《ろう》して、いかにも「相手を大切に」したように繕《つくろ》うこともあります。

これは、計算に基づいたコミュニケーションであり、「相手を大切に」した関係とは言えません。

ウィン・ウィン、つまり「勝つ」ことを考えているとき、人は目の前の課題をどうするかを優先し、相手を大切にし、リスペクト（尊重）する気持ちはどこかに飛んでしまいがちです。

そうなれば、相手を大切にしているつもりが、相手をがまんさせていたということにもなりかねません。

コミュニケーションは、ビジネスであろうとなかろうと、「取引」するためだけではなく、関係をつくり、つなぎ、互いに支え合うためにもあるのです。

人間同士の関係性をベースに、アサーティブに互いの事情を伝え合う。

互いに自分のためにも相手のためにもよりよい方向を探り、力を出し合う。

それは勝ち負けの問題ではなく、よりよい道をつくり、互いの創造性を発揮することであり、コミュニケーションの基本と言えるでしょう。

アサーティブなコミュニケーションは、「前回は私が譲ったから、今回はあなたが譲る番」といった取引ではなく、いつでも「どちらも大切に」という姿勢でかかわることです。

◎意見や気持ちは変わっていい

「一度言った意見を翻《ひるがえ》してはいけない」「意見を変えるのは無責任」と思っていると、アサーティブになれないことがあります。

何らかの事情や話の経過から、考えや気持ちは変わります。厳密に言うと、コミュニケーションの中では、やり取りのたびに、互いに気持ちや考えは影響し合いながら、変わったり変わらなかったりしていると言えます。

その結果、変わったときは、「考えを変えました」「こちらにします」と伝えることもアサーティブなことです。とりわけ、会議の席などでは、それを伝えると進行が促

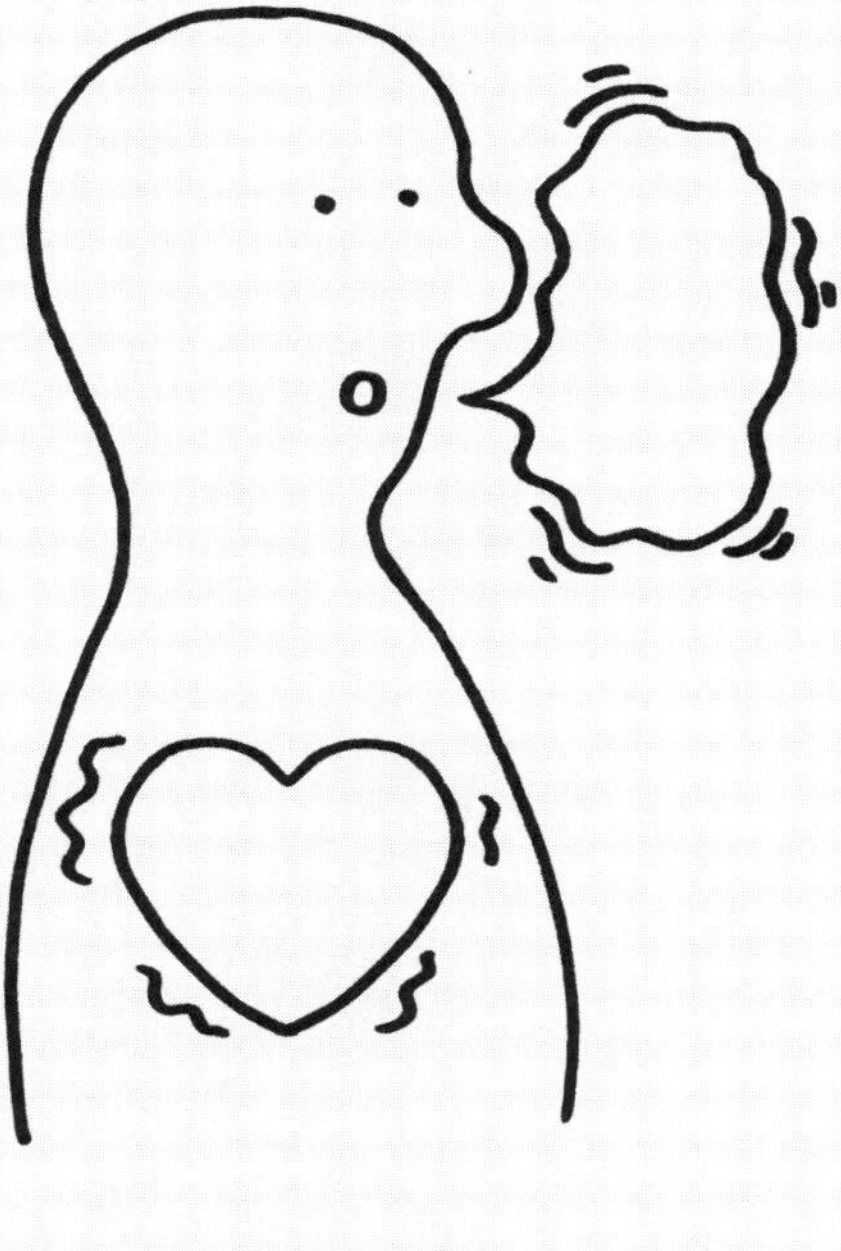

意見や気持ちは
変わっていい

進されます。

内心、考えを変えているにもかかわらず、黙《だま》っていたり、「変えられない」と前の考えに固執《こしつ》したりすると、自分も相手も大切にしていることにはなりません。

私たちは自分を大切にし、自分のことについて最終的に決心する権利を持っています。自分がどう考え、どう行動するか、それを決めるのも、その結果に責任を負うのも、ほかでもない自分です。

自分の変化を相手のせいにしたり、「変えさせられた」と相手を責めれば、それは自分で決めたことを人のせいにしている攻撃的な態度と言えるでしょう。

意見や気持ちは変わるし、変えてもいい。
変わるときはきちんと相手に伝える。

それは、よりよいと思う選択を自分で臨機応変に選びとることであり、協力するプロセスを作り出すことになります。

◎ささいな感情も、丁寧に言葉にする

言葉にして表現しないとわからない。これもコミュニケーションの持つ大きな特徴です。まず、自分の感情をつかむには、ただ黙って感じているだけでなく、言葉にしてみることが必要です。

感情の中には、言葉にしにくいものもあるため、なかなかうまく表現できないというジレンマ（葛藤《かっとう》）もありますが、それでもなお、日頃のコミュニケーションの中で、自分の感情の動きを積極的にすくいとってみることが大事です。

具体的な例で考えてみましょう。

ある女性が男性から映画に誘われました。好意を持っている相手なので、楽しくウキウキした気持ちでした。二人で映画を観た後、食事に行くことになりました。

男性「お腹減ったね。おれ、ハンバーグが食べたいな」
女性「ハンバーグなら、ここから10分ぐらい歩いたところにいいお店があるよ」
男性「すぐそこにある店でいいよ。ハンバーグなんてその辺でも食べられるんだから」
女性「おいしいって、評判のお店なんだけど」
男性「どこだって似たようなもんでしょ。お腹減ったし、すぐそこの店に行こうよ」
女性「……わかった」

女性は気分が下がっていくのを感じていました。せっかくの食事を楽しめないまま、帰宅しました。その翌日、デートに誘われたことを知っている友人と話していたときのことです。

友人「昨日、どうだった？ 楽しかった？」
女性「まあまあ、楽しかった」
友人「まあまあ？ じゃあ、次のデートの約束した？」
女性「ううん、しなかった」
友人「なんで？ ケンカでもしたの？」
女性「してない」
友人「話が盛り上がらなかったとか？」
女性「結構盛り上がった。よくしゃべってくれた。でも、なんとなくまたデートする気になれない」
友人「どうしてデートする気になれないの？」

ここで、女性は友人に気分が下がったときの話をしました。
ハンバーグが食べたいって言うから、おいしい店があるよって言ったのに、強引に「すぐそこの店にしよう」と言われてちょっとカチンときた。別に怒るほどのことじゃないけど、自分の意見を無視されたのは気に食わない。傷ついてはいないけど、残念っていうか、悔しいっていうか。こんなことをいちいち気にする自分にもイライラする……と。

どこにでもありそうなささいな出来事の中にも、様々な感情が生まれ、頭の中がグルグル動いていることがわかるでしょう。

誰かに話さなければ「あの男、ウザい」で終わっていたかもしれませんが、こうして話してみると、「カチンときた」「気に食わない」「残念」「悔しい」「イライラする」など、いろいろな感情を感じていて、がまんすることで感情を抑圧していたことに気づきます。

楽しかったけれど、残念でもある。怒ってはいないけれど、カチンときた。相手も気に食わないけれど、自分にもイライラする……。

矛盾したり、どっちつかずだったり、わかりづらかったり、人間の感情は厄介《やっかい》です。すっきりととらえづらいかもしれませんが、感情を言葉にしてみると、自分の状態をより細やかに知ることができます。

人は、このようにして様々な感情を感じることができるため、感情表現の言葉が、2000以上も生まれたのでしょう。

◎「やめてほしい」は正直に伝える

不本意なこと、不愉快なことをされたり、言われたりしたとき、じっと黙《だま》ってがまんすることで、その場を乗り切ろうとする人がいます。

「余計なことを言って誤解されたくない」「無視されたり、攻撃されたりするのが恐い」などと思っているのかもしれませんが、黙っていても**「そんなふうにされたくない」という意思は伝わりません。**

「それはやめてほしい」
「それは私が嫌いなことなので、できる限り気をつけてほしい」

言葉にして伝えることが、誤解や無視を減らします。そこに、誤解を解いたり、詫びたりする関係が生まれるのです。

伝えないでいると、相手は「それでいい」「不満はない」と思うこともあり、「お互いさま」の関係がつくれないでしょう。

コミュニケーションは、単なる言葉のやり取りではなく、「自分を相手にわかってもらう」ためのものでもあります。そのためには、会話したり何かを一緒にしたりする中で、自らをオープンにすることが不可欠です。

自分を相手に知らせることなしに、コミュニケーションは成り立たない、物事は前に進まないと言ってもいいでしょう。

それは、流暢《りゅうちょう》に、あるいは饒舌《じょうぜつ》に、自分のことを伝えなければならないわけではありません。

おそるおそる、ぎこちなく、少しずつ自分を伝えながら、互いの距離を縮めていくことも、ありのままを大切にしたアサーションです。

◎断るときはいきなり「ノー」と言わない

やめてほしいことを伝えるのと同様に、できないことはできないと、誠意をもってきちんと伝えることも大切です。

残業をする時間がないことを伝えた例がありましたが、そんなときの注意点があります。

即座に「できません」「無理です」と突っぱねないこと。

意見を伝えることが大切とは言っても、いきなり「ノー」と言われたら、相手は驚き、立場をないがしろにされたと感じるおそれがあります。また、一方的で、攻撃的にも聞こえます。

互いの立場を守り、大切にするには、いきなり「ノー」と言わず、自分と相手の緊急度を見極めてから、伝えます。「それはできそうもない」ということが明確な場合は、状況や事態を忌憚《きたん》なく伝え、丁寧に断る試みをしましょう。

もし、その場で判断できない場合は、「考えてみます」と返事をする。そう言われれば、相手は断られたときの心の準備ができ、あとで「できない」と言われても、いきなり「ノー」と言われるよりはるかにショックは少ないでしょう。

「依頼」を「断る」ときは、葛藤が生じます。

それを避けようとして「黙って引き受ける」あるいは「無理です」と突っぱねる。

これは非主張的なやり取りと攻撃的なやり取りの典型と言ってもいいでしょう。

◎怒りの前の「困っている」気持ちを伝える

「楽しい」「うれしい」など、ポジティブな感情を言葉で表現するのは、比較的容易かもしれません。誰しも快《こころよ》いことを感じるのは嫌いではないからです。

反対に「イライラする」「ムカつく」「腹立たしい」といったネガティブな感情は、体験したくないし、思い出したくもない。特に激しい怒りを感じたときは、気持ちがガーッと暴走し、感情を丁寧に感じる余裕などないかもしれません。

そこで、少し立ち止まって、怒りについて整理してみましょう。

あなたが怒りを感じたときを思い出して、その前に他の気持ちはなかったか、探ってみてください。

たとえば、

・バスに乗り遅れそうで急いでほしいときに、パートナーがゆっくり身支度をしていると、「早くしてよ！」「何度言えばわかるのよ！」と怒る

・残業を頼んだ部下に、「無理です」と即答され、「上司の指示を断るなんて、なんと生意気な！」と怒りを感じる

など、**怒っているとき、人はその直前に何か嫌なことや体験したくないことに出合っていて、怒る直前には、「困った」「参った」などの気持ちがあります。**

・「急いでほしい」→「でもグズグズしている」→「バスに乗り遅れたら困る」→「困るようなこと私にしているあなたは許せない！」

・「残業してもらいたい」→「断られてしまって、困った……」→「言い方も気に食

わない」→「上司にこんな思いをさせるなんて失礼だ！」

こうして怒りを爆発させているようです。

イライラするときや、ムカつくときなども同様です。

仕事が予定通りに進まずイライラするのは、思い通りにいかない状況に困っているから。

人の言葉でムカッとするのは、聞きたくないことを言われて困っているとき。

このように、怒りの手前に「困っている」気持ちがあるとわかると、そちらを伝えることができます。そうすると、相手は逃げたり、攻撃を返したりせず、困ったあなたに対応してくれる可能性が高くなるのではないでしょうか。

アサーションの研修で、参加者に「怒る前、どんな気持ちがありましたか？」と聞くと、「困っていた」「悲しかった」「悔しかった」「恥ずかしかった」などいろいろな気持ちがあることを教えてくれます。

怒りの手前には別の感情があって、その感情を起こさせた相手が悪いと怒っている。そうだとすると、自分が起こした感情を相手の責任にして怒っていることになります。

ネガティブな感情を覚えたときは、その気持ちをふり返って、裏にあるもうひとつの感情に気づくと、気持ちが整理されます。

ネガティブな感情（怒り）を感じる前には、「困った」「がっかり」などの感情があります。そして、そちらの方が相手に伝えやすいでしょう。

◎自分を守る怒りは、ためずに小出しにする

一方、怒りには、その前に感じた感情への反応ではないものもあります。

それは、嫌なことが続き、がまんし続けて「困った」感じがたまっているときや、「困った」どころではない危険や脅威に出合ったときです。

こういうときの怒りは、まさに怒りそのものです。

自分の身が危ういほどの危機に出合うと、人は、怒って相手を攻撃して自分を守るか、それができそうにないときは逃げることを選びます。「戦うか、逃げるか」の態勢になるのです。

それは、これ以上自分に被害が及ぶのを防ごうとする無意識の自己防衛であり、ギリギリの表現と言うことができます。

怒りは、よくないもの、ネガティブなものではなく、むしろわが身を守るための大切な感情であり、それがあるから人類は生き延びてきたとも言えます。

しかし、がまんしてためすぎたり、自分の危機を伝えなかったりしていると、言いすぎる、怒鳴る、キレる、果ては暴力をふるうといった出し方になるおそれがあります。

怒りは、諸刃《もろは》の剣《つるぎ》ともいえる感情なのです。

怒りの感情には、できるだけ早く気づきましょう。「怒っている自分＝身の危険を感じている自分、がまんしそうな自分」をしっかり受けとめること。

怒りそうになる手前で自分の感情をキャッチできれば、怒鳴ったり、キレたりせず、怒りの手前の「困った」感情を伝えたり、怒りをためずに表現したりすることが可能になるでしょう。

◎「怒っています」とおだやかに言う

では、怒鳴ったり、キレたりせずに怒りを表現するには、具体的にどうすればよいのでしょうか。

それは、「私は怒っています」「腹が立っています」と、静かに言えば伝わります。

怒りの感情を伝えるというと、激しくものを言ったり、不機嫌な態度を示したりすることかと思いがちです。不遜《ふそん》な笑みを浮かべたり、嫌みを言ったりして、攻撃的に振る舞うというイメージもあるでしょう。

しかし、怒りを表現するには、必ずしも攻撃的になる必要はありません。

「嫌な感じ」「怒りそう」という気持ちを静かに、おだやかに言うだけで十分伝わります。

もし、「静かに伝えても、怒りを伝えるのは相手を大切にしていることにならないのではないか」と思う人がいたら、こう考えてみてはどうでしょうか。

本音を隠して表面的に愛想《あいそ》よくするよりは、オープンに「こんなとき私は怒る人なのです」「それには耐えられない自分がいます」と伝える方が、互いを大切にする方向を目指せている、と。

ただ、怒りをできるだけ静かに伝えても、相手が気分を害したり、傷ついたりすることがあるかもしれません。人は、相手のことをすべてわかるほど万能ではありません。

・いくら気をつけても、傷つけてしまうことはある
・傷ついたと言われたときは、相手が危険を訴えていることを認める
・「そんなつもりはなかった」としても、そこは言い訳の場ではない

これを踏まえて、心から謝り、どう修復するかに心を砕《くだ》くことが大切です。

◎相手が怒っても、自分を責めない

考え方や意見の不一致はあり得ること、人は思い通りに動くとは限らない……と述べましたが、現実の場面では、自分の思い通りにいかない相手に腹を立てる人はいます。アサーティブに伝えている場合でも、「反抗的だ」「生意気だ」と怒る人もいるでしょう。

そんなとき、とっさに「自分が相手を怒らせてしまった」とだけ思わないこと。怒りの感情は誰かによって起こされるものではなく、何かをきっかけに本人が起こすものですから、怒ったことについては、その人自身に責任があります。

「相手が原因で怒ったのだから、相手に責任がある」と思いがちですが、同じ状況に出合っても、誰もが同じ反応や感情を表現しないことを考えれば、感情はその場で本人が起こしているということです。

ただ、怒った本人に責任があるとは言っても、双方のやり取りの中で感情が生まれるのも事実ですから、腹を立てている相手を冷たく突き放してもよいということではありません。

相手は怒りを感じているわけですから、原因は何であれ、相手の困っている状態をまず、受けとめましょう。

自分のせいだとおびえたり、相手の怒りを自分に伝染させて怒ったりせず、「相手に怒りが生じた」「何か危機を感じたのかも……」と受けとり、相手を思いやり、いたわる気持ちを持つことです。

ぶつかっても、相手を責めない、自分も責めない。不快な感じが生まれたときは、そこから自分ができることを試みて回復しようとすることもアサーションです。

◎ 嫉妬の前の「いいな」を正直に表現する

怒り以外にも、自他ともに対応が難しい感情があります。
そのひとつが「嫉妬《しっと》」です。

嫉妬は、元をたどれば「羨《うらや》ましい」という気持ちから始まっています。
「いいなあ」「自分もそうなりたいなあ」という、実に人間的な気持ちです。
物事を素直に、シンプルに見る人はあまり嫉妬を感じません。
「よかったね」「素晴らしい」など称賛の一言で済んでしまいます。
ところが物事をあれこれ考えたり、周囲の状況にふり回されたりすると、嫉妬に発展しやすくなります。

・「いいなあ」→「でも、自分はそうなれそうもない」→「人気は得られない」→「相手に人気を取られるのは嫌だ」→「悔しい」「憎らしい」

・「羨ましい」→「でも、勝たないと人は注目してくれない」→「注目されない自分はダメだ」→「どうすればいいのか……」→「恨《うら》めしい」「腹立たしい」

このように気持ちや考えを膨《ふく》らませ、「羨ましい」というシンプルな感情に悪意が絡《から》み始めると、嫉妬というしんどい状態を作り出していきます。

そして、「羨ましい」と「嫉妬」を区別しないで、「嫉妬なんて見苦しい」と考えると、「羨ましい」がたまって「恨めしい」になります。

嫉妬で苦しまないためには、「自分より勝っている相手が羨ましい。いいな。自分もそうなりたいな」と、感じたことを正直に表現することです。自分がどうの、相手が

どうの、周りがどうの、という懸念《けねん》や思い込みは捨てましょう。

人間の感情には、良い・悪い、正しい・間違っているはありません。

競争社会の中で生きていると、「羨ましい」も許されない感情だと思うかもしれませんが、「羨望《せんぼう》」だと考えて、「羨ましい、そうなりたい」と感情を表現すると、嫉妬まで発展させない段階でとめておくことができます。

それがアサーションへの第一歩でもあります。

嫉妬の前の「いいな」
を正直に表現する

◎焦って主張せずに、まずは相手の言い分を聞く

ケンカは絶対にしてはいけない。

これも、「思い」を抑えてしまう人が抱きがちな思い込みのひとつです。

もちろん、ケンカをしないにこしたことはないでしょう。

何の歩み寄りもない、ただ怒鳴り合い、ののしり合うだけのケンカなら、しない方がいい。

ただし、言いたいことがあるのに、がまんして黙っているよりは、ぶつかることも覚悟して、思っていることを言った方がいいでしょう。

がまんの挙げ句、キレたり、相手を攻撃するような事態に陥《おちい》らないためにも、多少の葛藤を恐れすぎないことです。

ただ、言い合いをする場合にも注意点があります。

互いに自分の言い分を理解してもらおうと焦《あせ》ると、つい、一方的な主張だけになったり、感情的になったりしがちです。わかり合うための話し合いが、悪口の応酬に発展することもあります。

では、そうならない「いいケンカ」のコツはあるのでしょうか。

ポイントは、自分の言い分をわからせようと焦らないで、少し立ち止まることです。また、がまんして聞き入れるのではなく、まず、相手の言い分に耳を傾けるのです。

ケンカが始まるとき、私たちはつい「自分の言い分を先に聞け！」と言いたくなっています。両者とも無意識に「自分の言い分が先」と争い始めるので、言いたいことだけの応酬になり、声も言い方も激しくなり、泥沼のケンカになっていきます。

泥沼のケンカにならないためには、「先に聞け」をやめて「先に聞く」ようにする。

「あなたは何を言いたいのか？」→「言いたいことはわかった」→「では、私はこう言いたい」と話を進める。

この一呼吸が感情のぶつけ合いにならないコツです。

ケンカの場面は、そこに何らかの葛藤や行き違いが起きているという信号です。誰もがそこまでは理解しているのですが、その際、自分の言い分を先にわからせ、押しつけようとすると、一方的な説得になりがちです。

ケンカは、あくまでも互いが歩み寄るための話し合いのひとつ。

言いっぱなし、ケンカしっぱなしでは、理解されなかった不満と嫌な感情の蓄積に、エネルギーの消耗《しょうもう》という状態が加わり、問題は先送りになります。

収拾がつかなくなって、言いっぱなしで終わらせないために、相手に耳を傾けながら、「熱い議論」（いいケンカ？）を心がけましょう。

◎ 解決しないケンカは「タイム」をとる

ケンカの途中で「まず聞いて、相手を理解する」ことを忘れると、始めたケンカの終わりが見えなくなることがあります。

「自分の言いたいことをわかってもらいたい」「納得できるまで……」という気持ちが高まって、落としどころが見つからなくなっている状態です。

せっかく理解や納得のために話し合っているつもりでも、延々と続けば感情もエスカレートし、冷静に考えられなくなって、激しい言い争いに発展しないとも限りません。

そんなときは、「タイム」をとりましょう。

決着がつきそうもない、堂々巡《どうどうめぐ》りになっている、と感じたら深呼吸をして、「いったんやめにしましょう」「この話、ちょっと休みを入れましょう」と伝えてみる。

タイムをとって、その場を離れて小休止をとったり、互いに別々のことをしたりすれば、「こういう言い方をすればよかったかな」「相手の言いたいことはこういうことかも」と、物事を冷静に見られるようになります。

タイムをとることによって、状況を客観的にふり返り、感情的にならずに考える時間ができます。それが大切なのです。

ケンカを終わらせるためだけに「自分が悪かった」と謝ると、相手は「話し合いから逃げた」「ごまかされた」と感じて、余計にヒートアップしかねません。

その場しのぎをせず、いったん区切りを入れてから、冷静になって話し合いを再開することを考えましょう。

何度もケンカするなんて嫌だ。手っ取り早く1回で済ませたい。そう思わないで、時間をおいて「再挑戦」してみると、かえって短時間で建設的な話し合いができます。

◎過去の苦しみは、意味づけを変えてみる

「思い」を抑え込むことが当たり前になっている人の中には、その積み重ねが積年の恨みになり、癒《いや》しがたい心の傷跡になっている場合があるかもしれません。

時がたっても、まだ自分を苦しめる過去のがまんには、どのように向き合えばよいのか。母親の介護をたった一人で引き受けることになったある女性の例を紹介しましょう。

この女性の母親は、もともと長男（女性の兄）と義姉（兄嫁）が暮らす家に同居していました。

ところが、母親が認知症になると、兄と兄嫁は介護をしたくないと言い出し、きょうだい間で母親の押しつけ合いが始まりました。

母親名義の家にずっと同居していたのだから、介護の責任は兄と兄嫁が負うのが当たり前……。女性はそう思いましたが、母親の押しつけ合いをする兄や弟たちの姿に憤《いきどお》りを感じ、何も言わず、自分で母親を引き取ることにしました。

たった一人での介護は予想を超える大変さでした。女性は自分自身も体調を崩しながら、献身的に介護しましたが、内心では、兄弟たちや兄嫁への恨みでいっぱいでした。

「本来なら、兄や兄嫁が介護すべきなのに、なんてひどい人たちなんだろう。あんな人たちとはもう口もききたくない！」

結局女性は、兄弟を頼ることなく、がまんにがまんを重ねながら、たった一人で母親を看取りました。

女性は、母親の介護という大仕事を自らの力でやり遂げたのです。

しかし、女性の恨みつらみはその後も消えませんでした。

「あの人たちのせいで、自分は苦しい思いを強いられた。私の人生を返してほしい！（この苦しみをどうしてくれる）」……母親を見送って何年たっても、がまんの爪痕《つめあと》に苦しんでいました。

「アサーティブに振る舞えばよかったのに」と言っても始まりません。ましてや、「過ぎたことを恨んでもしかたない」と言ったところで、女性の心は救われないでしょう。

では、こうした過去のがまんによって生まれた恨みはどうしたら解けるのでしょうか。

そのポイントは、自分がした行動に対する意味づけを変えることです。

女性は、兄弟たちの姿に、「自分は引き受けざるを得なかった」と受け身の気持ちを持っていますが、実は「相手が不十分であるゆえに、私が引き受けることにした」という自発的な部分もあるのではないでしょうか。

確かに、当時女性が母親を引き取ることになったのは、兄弟たちが介護を拒《こば》んだから。積極的にやろうとしたのではなく「させられた」「押しつけられた」という受け身の気持ちからだったでしょう。

でも、女性は介護を「自ら決心して引き受けた」のであり、誰もやらなかったことをやり遂げたのです。

介護をする生活は、心身の負担とがまんを必要とし、加えて誰にも感謝されない孤独な生活だったに違いありません。

しかし、達成したことはすみずみまで本人が一番よく知っています。

そして、このような問題は、悪者の特定もできませんし、特定することに意味もありません。原因や責任を考えるよりも、これからの自分のために、がまんの記憶による心の負担を少しでも軽くすることが必要です。

そのためになら、過去にさかのぼり、自分の行動の意味づけを変え、気持ちを修正する。そのときはがまんだけだった負担と体験ですが、実際、自分で引き受けることを決意し、やり遂げたのですから。

過去の事実を変えることはできませんが、その後の体験は自分のものであり、マイナスの事実の裏で得られたプラスの体験を自分の財産にし、自分にとっての意味を変えることは可能です。

癒しがたい過去のがまんに悩まされているときは、アサーティブな表現を使って、「私はやり遂げた」「よくやった」「これからも大丈夫」と自分の決意をほめる。

それも「思い」を大切にすることのひとつではないでしょうか。

5章

「思い」を大切にするとは、自分に正直に生きること

◎固定観念にとらわれず、アサーティブに思いを伝える

社会で生きていくには、がまんが必要。
自分の「思い」を後回しにするくらいなんでもない。
仕事の世界では、そのような考えの人が多いかもしれません。

とくに女性の場合、職に就いていても、組織や周囲の人々の動きを察知し、自分らしさや能力を隠して、つぶされないようがまんしている人がいると聞きます。
「女性の力を生かす」などと声高に叫ばれていますが、実際は力を活かすどころか、「出る杭《くい》は打たれる」とばかりに、控え目に動いている女性がいることも現実です。

男性社会の中で生き延びるために、周囲に目配りをしながら、しかし余計なじゃまをされないようがまんしようとしているのかもしれません。

ただ、「こういう職場だからしかたない」「思いを伝えるより抑える方が自分に合っている」という固定観念に縛られていると、チャンスや可能性を逃すこともあります。

やってみたら、やれないことではなかった。「思い」を大切に行動したら、むしろ思いもよらなかった成果が得られた。そんな話も耳にするようになりました。

残業しないことを決めた管理職

テレビで紹介されたある女性の課長の話です。

課長に抜擢《ばってき》され、着任後、彼女は部下たちに「自分は残業しない」ことを伝えました。

「夫婦共働きだが、事情があって、今は家庭のことを優先しなければならない日がある。残業する日もあるが、基本的にしないで仕事をマネージしていきたい」

残業するのが当たり前、しかも女性の管理職はまれという環境にもかかわらず、彼女は家族を犠牲にしないで、課長職を務める決意をしたのです。

やがて、彼女からの残業の指示が減り、また彼女の仕事ぶりを見て、残業なしでも仕事が順調に進むことに誰もが気づくようになっていきました。

しかも、残業をそれほど苦にしていなかった若い社員が、仕事が早く終わった後の時間を、大学時代に熱中していた趣味に使い、その趣味の時間から新商品のアイディアをあれこれ思いつくことができたということでした。


固定観念に縛られないで、アサーティブな関係を職場でつくり、日常を上手にやりくりした女性課長の知恵は、残業しない環境を生み出し、結果的に部下にもよい影響を与え、成果も得られたのです。

会社や部署ごとの仕事の特色にもよるでしょうが、がまんして自分を状況に合わせるだけでなく、新鮮な目で状況を受けとめ、工夫や創造性を刺激した例です。

◎がまんに使っていた「自己資源」を有意義に使う

職場によっては、古いやり方を踏襲《とうしゅう》し、新しい提案は受けつけない雰囲気があったり、仕事の性質上、残業は免《まぬが》れなかったりすることもあり得ます。

しかし、そんな環境の中でも、アサーティブに自分の思いを伝え、自分の望む状況を実現している人がいるのも事実です。

限りある「自己資源」を、がまんに使うのはもったいないことです。自分が大切にしたいことに最大限の「自己資源」を使えるように、自分の気持ちを伝えていきましょう。

昇進を断り、家族との時間を選択

不動産会社のトップセールス常連だったある男性が、課長昇進を伝えられたときのことです。

彼は、部長が残念がる中で、その昇進を断りました。

不動産、特に住宅のセールスは、世の中の多くの人々が働いていない時間帯が最も多忙になる仕事です。それまではその仕事を十分やり遂げてきた彼でしたが、課長となると話は別。管理職になると、部下がその日の仕事を終えるまでは、全体を見届ける責任があります。土・日もより多く出勤する必要があることは経験上、よくわかっています。

そこで、自分の家庭の状況を話して、一社員としてはできても、管理職としての責任は果たせないことを理解してもらったのです。そして、その上で、自分の力が発揮できているその部署の仕事は続けたいとも伝えました。

昇進を断り、
家族との時間を選択

彼は、がまんして昇進をあきらめたのではなく、家族のために自らの選択で、辞退を決めたのです。

彼は、その仕事が好きであり、能力を発揮していましたから、管理職の仕事も十分果たすことができるでしょう。しかし、自分自身の中にある「資源」を今、必要とされている2つの場に集中する道を選びました。

「資源」とは、単なる能力のことではなく、何かをやりたいと思う意思や情熱、自分の周りや会社のために貢献しようとする志も含まれます。

がまんするということは、自分の資源やエネルギーをやりたいことに使わず、がまんのために使ったり、どこかにため込んだりしていることかもしれません。

もし、管理職になることで家族への思いをがまんし、葛藤をもたらすとしたら、それは資源の抑え込みでしょう。

自己資源を何に使いたいかは、自分が一番よく知っているのではないでしょうか。

無難な就職か、やりたいことを貫くか

次のエピソードは、就職で迷っていたある経済学部の学生の相談から始まりました。

この学生は、幼い頃、漫画が大好きで、漫画家になりたいと親に話していました。

しかし、親に、「何をバカなことを言っている」「おまえが漫画家になれるわけない」「無難な道を選んでおかないと先が危ない」と言われ続け、経済学部に入ったと言います。

それでも、彼は大学に入って再び漫画を描き始め、とある漫画家のもとでアルバイトも始めました。趣味のつもりでやっていたのですが、就職を前にして迷い始めたのです。

アルバイト先の様子を尋ねてみると、

「まあ、今は下働きですからね。でも、ときどき先生（漫画家）から『お前、結構センスあるよ』『その線、なかなかいいじゃん』って言ってはもらえてますが……」と言う

ので、「漫画で自分の才能を発揮できそうかどうか、聞いてみたら？」と伝えました。

その結果、「才能がないわけでもないみたいです」となり、彼はアルバイトを卒業まで続け、そこに就職することにしました。

その後、彼は卒業まで地方にいる親には内緒にしていましたが、やりたいことを貫《つらぬ》いて現在に至っています。

世間的に見れば、「経済学部を出ながら漫画家？」「親を騙《だま》すなんて……」と言われるかもしれません。

ただ、彼は「思い」を抑えることをやめて、やりたいことに自分の資源を使いました。そして、その結果、生きる道を再確認し、なおかつ他人から認められるという達成感を得ています。

こういった例のように、自分の資源を探し出しておけば、それを使うチャンスが見

えます。

チャンスとは、向こうから飛び込んでくるものではなく、目の前を通り過ぎていく様々な出来事の中から、自分に合うものをつかみとっていくものです。

経験が浅く自分が見極められていない人、女性や若い人など差別されがちな人たちは、がまんしながら社会に適応していくことを余儀なくされます。自分のやりたいこと、言いたいことをグッと抑えて、目立たぬよう、打たれぬように、密かに待機することもあるでしょう。

そんなときは、自分の資源を、自己研鑽《けんさん》や関心のあること、周囲に役立つことに活用しておきましょう。

早々に自分はダメだとあきらめて、宝を持ち腐《ぐさ》れにしたり、堪忍袋《かんにんぶくろ》の緒《お》が切れて、手ぶらで会社や仕事を辞めたりしないために、密かに待機している間も、転んでもただでは起きないようにすることです。

それは自分の資源を無駄にしない、前向きな生き方と言えるでしょう。

◎自分の中の「精神性」「倫理性」を大切にする

人間は、「生物的・心理的・社会的」存在だと言われます。

人間は、生物としてだけではなく、心を持ち、人々と共に社会をつくって生きる。この3つの特性は、人間が他の動物とは異なった存在であることを意味します。

人類は、この独自性によって科学・技術の進歩、政治・経済の発展、情報・資源のグローバル化などを達成し、便利で快適、安全で安定した暮らしを確保しようとしてきました。

ところが、その努力と期待は、地球の温暖化、終わりのない戦争、格差の拡大が続く社会などの出現で裏切られつつあります。

21世紀に入って、カウンセリングの分野では、人間はこの3つのほかに、「精神的」「倫理的」存在でもあることを強調するようになりました。

精神的とは、この世には人間の理解や能力を超えた「スピリチュアル＝霊的、神秘的」なことがあり、それは「万能の神」とも呼べる存在の業《わざ》かもしれない、という感覚を持つことです。人間は身体的、物理的存在だけではない、スピリチュアルな面を持った存在でもあるということです。

つまり、「人間が万能ではないことを素直に認め、不完全な存在であることを謙虚に受けとめる姿勢」を精神性と考えることができるでしょう。

その意味で、神や宗教を信じる心を持っている人も、自分の限界を認め、思い上がることなく、自己をせいいっぱい生きようとする心のある人も、精神性を大切にしているいると言えるでしょう。

倫理的とは、道徳的とも言われ、人と人との秩序ある関係が維持されている状態のことです。

社会の中で自他の尊厳を認め、「差別したり差別されたりすることなく、フェアに生きたいと願う」姿勢でもあります。


実は、私たちの日常は「精神性」や「倫理性」で支えられています。

「お金にならなくてもやりたいことがある」

「自分らしく、やりがいのある仕事がしたい」

「それは不公平だ」

「それは人間としてやってはいけない」

こんな思いは、精神性や倫理性の表現でしょう。

やりたくないことを強《し》いられたり、やりたいことをがまんしたりすると、結果的に精神性や倫理性をないがしろにし、自他にとって意味ある生き方の中核が崩れていきます。

ここで、もう一度、これまで述べてきた人々のエピソードを思い出してみましょう。残業をやめた女性課長、課長昇進を断った男性社員、漫画家になった若者。彼らは、何を大切にしたか。精神性と倫理性を中核に自己選択をした人間として、しっかり生きていることがわかります。

彼らは、「無難に生きる」のではなく、仕事に優劣をつけるでもなく、自分の中にある精神性と倫理性を大切にし、自分の資源を生かして、「人間らしく生きる」決断をしています。

◎精神性は「ミッション」に結びつく

各界で活躍した働く女性に贈られる「ウーマン・オブ・ザ・イヤー」という賞があります。

13人の受賞者にインタビューをして、「意味マップ」というツールで仕事と生き方の分析を試みた研究（神戸康弘『「意味マップ」のキャリア分析』白桃書房）によれば、受賞者たちは、次のような成功の道を歩んでいたことがわかりました。

「自分にとって意味のあることをやろうとしてきたら、結果的に社会にとって意味のあることになった」

私たちは、「仕事をすることは、会社が求めていることや、会社にとって意味のあることをすること。そのためには、自分のやりたいことをがまんしなければならない」と思いがちです。

ただ、自分にとって意味のある仕事がわかっている人は、社会にとっても意味のある仕事をまったく無視することはないでしょう。

これこそが、「思い」を大切にする、理想的な働き方ではないでしょうか。

だからと言って、もちろん楽なことばかりではないでしょう。仕事やプロジェクトを進める中では、忍耐や新たな決意もあったでしょう。

しかし、決意とは、自分に意味があると思われる道を拓《ひら》きながら、その意味を考え続けることですから、がまんとは違います。

「思い」を大切にする働き方は、個人的な野心や目の前の利害を超えて、精神性が使命感＝ミッションに結びつくと可能になると言えるでしょう。

◎ミッションは「崇高なこと」でなくていい

社会貢献や、ミッションを持つと聞くと、何かすごいこと、崇高《すうこう》なことをイメージする人や、ハードルが高くて、自分には無縁だと感じる人がいるかもしれません。

ところが、ミッションとは、何もハードルの高いことや特別なことをするのではありません。**自分がやりたいことと人に喜ばれることとの接点を、身近なものの中から探し出してみることから始まります。**

たとえば、洋服が好きで接客販売の仕事をしているなら、「洋服でお客さんを美しくし、買い物を楽しんでもらうことがミッション」と考えてみてはどうでしょう。

売上や人間関係に追われても、「私の好きな洋服を通してお客さまを喜ばせるのが私のミッションだ」と思うと、仕事への向き合い方も変わります。

ずいぶん前のこと、ある牧師さんから次のような話を聞いたことがあります。

教会には二人暮らしの老人と孫娘の信者がいました。当時、その地域では、汲《く》み取り式のトイレから人糞を肥料にしていた農家がまだ多くあり、老人はある農家の畑に肥料を運ぶ仕事をしていました。

ある日、孫娘が学校から帰ってきて、「おじいちゃんの仕事はやめてほしい。学校でからかわれるから」と言いました。

老人は、「恥ずかしがることはないんだよ。これは誰かがしなければならない大事な仕事で、それをおじいちゃんがやっているのだから」と言ったのだそうです。

また、ある有名なホテルのレストランのウェイターのこんな話もあります。

そのホテルに宿泊したある客が食事をし、翌日再びそのレストランを訪れたとき、昨日のウェイターがナイフとフォークを通常の位置と入れ替えて並べたのだそうです。ウェイターは、その客が左利きであることを覚えていて、彼にとっては当たり前の配慮をしたのでしょう。感動したその客が書いた記事で知ることができました。

老人とウェイターの言動には、ミッション意識があります。**目の前にある仕事を、素直な、まっすぐな気持ちで見つめ、自分ができる意味あることに心を尽くす。それがミッションを果たすことだと言えるでしょう。**

◎「ありのままの自分」を知り、成長させていく

まとめると、アサーションとは、他人とうまくやるために自己を改造することではありません。ましてや、自分の都合のいいように相手を動かす技術でもありません。

自分を大切にし、そして相手も大切にする。それが、アサーションの大前提です。

そのために大事なのは、自分を「公平に」評価して、「ありのままの自分」を知ること。

- 自分が何を考え、どうしたいのか
- 自分は何ができて、何ができないのか

・自分はどんなとき、どんな気持ちになるのか

などなど、具体的な体験を積み重ねて、自己理解を得ていくことです。

「公平に」自分を評価するには、人とのかかわり合いの中でたくさんの試行錯誤をし、できないこととできることを確認して他者との違いを受けとめていくことが役立ちます。

もちろん、そのプロセスでは、「思い」を伝えられたり伝えられなかったり、非主張的になったり攻撃的になったりすることもあるでしょう。

成功も失敗もあり、称賛されたり無視されたりして、自己信頼が得られることもあれば得られないこともあるでしょう。

しかし、そのような経験を通じて、自分をより「公平に」評価できるようになり、「ありのままの自分」がわかってきます。

私たち（とりわけがまんしがちな人）が陥りやすい自己理解の傾向は、自分の不十分さや欠点と思われることや、他者から嫌われたり、直せと言われたりしたところのみを強調して、自分だと思い込むことです。

「それが直らなければ人前に出られない」

「人並みにならないと、ダメと言われてもしかたがない」

「だから、がまんして直さなければ……」

これでは「ありのままの自分」を知るための試行錯誤もできなくなります。

そこで、こうした考えにとらわれたときは、「悪いところ」「欠点」とは、誰から習ったのだろうか、と問い直してみましょう。

それを直すことは、相手に合わせることだったかもしれませんが、自分らしさを失うことにはならなかったでしょうか。単なる自分と相手との違いを「欠点」と決めつけてはいないでしょうか。

自分を公平に評価できるようになると、欠点やできないことにエネルギーを使わず、自分らしさやいいところの芽を育てることに向けられます。
とりわけ完璧主義の人は、欠点だけを気にするので気をつけましょう。

私たちは、人とのかかわりの中で自分を知っていきます。

いろんな人々に出会い、かかわることで、自分の特徴、できることできないことなどが見えてきます。そして、それは欠点というより、違いでしかないこともある。「違い」は「間違い」ではありません。

自分の不十分なところも、いいところも公平に認めて、その特徴を自分らしさとして育てていく。その成長の試みを経て、「ありのままの自分」はいくらでも変わり、成長させることができる。

アサーションはそのための、心強い味方となってくれるでしょう。

読むと「アサーション」がよくわかる参考図書

平木典子
『図解　自分の気持ちをきちんと〈伝える〉技術』
PHP研究所／2007年（現在も増刷中）

ロバート・E・アルベルティ&マイケル・L・エモンズ
菅沼憲治・ジャレット純子訳
『改訂新版　自己主張トレーニング』
東京図書／2009年

平木典子
『アサーション入門
――自分も相手も大切にする自己表現法』
講談社現代新書／2012年

平木典子
『図解　相手の気持ちをきちんと〈聞く〉技術』
PHP研究所／2013年

平木典子
『マンガでやさしくわかるアサーション』
日本能率協会マネジメントセンター／2015年（22刷）

平木典子
『三訂版　アサーション・トレーニング
――さわやかな〈自己表現〉のために』
日本・精神技術研究所／2021年

平木典子編
『精神療法　増刊第8号
アサーション・トレーニング活用術
――さまざまな現場での臨床応用』
金剛出版／2021年

※発刊年順

本書は2017年10月に刊行された
『がまんをやめる勇気』(海竜社)に
一部加筆、再編集の上、改題したものです。

ディスカヴァー携書 245

携書 言いにくいことが言えるようになる伝え方
自分も相手も大切にするアサーション

発行日 2023年1月27日 第1刷
2023年3月 5 日 第2刷

Author	平木典子
Illustrator	加納徳博
Book Designer	古屋郁美
Publication	株式会社ディスカヴァー・トゥエンティワン 〒102-0093 東京都千代田区平河町2-16-1 平河町森タワー11F TEL 03-3237-8321（代表） 03-3237-8345（営業） FAX 03-3237-8323 https://d21.co.jp/
Publisher	谷口奈緒美
Editor	藤田浩芳 星野悠果 岩下賢作事務所（編集プロデュース） 藤原千尋（編集協力）
Marketing Solution Company	小田孝文 蛯原昇 谷本健 飯田智樹 早水真吾 古矢薫 山中麻吏 佐藤昌幸 青木翔平 磯部隆 井筒浩 小田木もも 工藤奈津子 佐藤淳基 庄司知世 副島杏南 滝口景太郎 竹内大貴 津野主揮 野村美空 野村美紀 廣内悠理 松ノ下直輝 南健一 八木眸 安永智洋 山田諭志 高原未来子 藤井かおり 藤井多穂子 井澤徳子 伊藤香 伊藤由美 小山怜那 葛目美枝子 鈴木洋子 畑野衣見 町田加奈子 宮崎陽子
Digital Publishing Company	大山聡子 川島理 大竹朝子 中島俊平 小関勝則 千葉正幸 原典宏 青木涼馬 伊東佑真 榎本明日香 王廳 大﨑双葉 大田原恵美 佐藤サラ圭 志摩麻衣 杉田彰子 舘瑞恵 田山礼真 中西花 西川なつか 野﨑竜海 野中保奈美 橋本莉奈 林秀樹 牧野類 三谷祐一 宮田有利子 三輪真也 村尾純司 元木優子 安永姫菜 足立由実 小石亜季 中澤泰宏 森遊机 浅野目七重 石橋佐知子 蛯原華恵 千葉潤子
TECH Company	大星多聞 森谷真一 馮東平 宇賀神実 小野航平 林秀規 福田章平
Headquarters	塩川和真 井上竜之介 奥田千晶 久保裕子 田中亜紀 福永友紀 池田望 石光まゆ子 齋藤朋子 俵敬子 宮下祥子 丸山香織 阿知波淳平 近江花渚 仙田彩花
Proofreader	株式会社鷗来堂
DTP	株式会社RUHIA
Printing	共同印刷株式会社

ISBN978-4-7993-2926-9

携書ロゴ：長坂勇司
携書フォーマット：石間 淳